U0631585

新时代高校思想政治教育研究

谢喆珺 ◎著

北京燕山出版社
BEIJING YANSHAN PRESS

图书在版编目（CIP）数据

新时代高校思想政治教育研究 / 谢喆珺著.—北京：
北京燕山出版社，2023.12
ISBN 978-7-5402-7113-8

Ⅰ．①新… Ⅱ．①谢… Ⅲ．①高等学校－思想政治教
育－研究－中国 Ⅳ．①G641

中国国家版本馆 CIP 数据核字 (2023) 第 212340 号

新时代高校思想政治教育研究

作　　者　谢喆珺
责任编辑　王　迪
出版发行　北京燕山出版社有限公司
社　　址　北京市西城区椿树街道琉璃厂西街20号
电　　话　010–65240430
邮　　编　100052
印　　刷　北京四海锦诚印刷技术有限公司
开　　本　787mm×1092mm　1/16
字　　数　181千字
印　　张　10.25
版　　次　2024年4月第1版
印　　次　2024年4月第1次印刷
定　　价　80.00元

作者简介

  谢喆珺（1991— ），女，汉族，中共党员，湖南湘潭人，讲师，硕士研究生，2016年6月毕业于湘潭大学政治学专业。历任学生工作处素质教育干事、校庆办干事、宣传统战部理论教育干事，现为马克思主义学院专职教师。一直从事大学生思想政治教育教学和理论研究，参与省部级以上课题研究8项，主持省级课题1项，主持及参与院级课题研究5项，参编教材4部，公开发表论文10余篇，荣获院级优秀政研论文一等奖2篇，2020年度院级教师职业能力竞赛三等奖。

前言

2022 年 8 月，教育部等十部门印发了《全面推进"大思政课"建设的工作方案》，提出要坚持开门办思政课，强化问题意识、突出实践导向，充分调动全社会力量和资源，建设"大课堂"、搭建"大平台"、建好"大师资"，建设全国高校思政课教研系统，设立一批实践教学基地，推出一批优质教学资源，做优一批品牌示范活动，支持建设综合改革试验区。推进思想政治教育的建设，就是要把价值观融入知识传授和能力培养之中，帮助学生形成正确的世界观、人生观、价值观，使学生能够在思想政治教育中学习各种课程，形成协同效应，提高学校立德树人教育成效。而高校是党和国家意识形态工作的前沿阵地，肩负着学习、研究、宣传马克思主义，弘扬社会主义核心价值观，培养德、智、体、美、劳全面发展的社会主义合格建设者和可靠接班人的任务；高校的思想政治理论课则是对大学生进行思想政治教育和价值引导的主渠道。

本书为 2022 年湖南省高校思想政治工作研究项目——"基于楚怡精神传承的思想政治理论课实践教学创新研究"（22E47）阶段性成果。

本书共五章：第一章阐述了高校思想政治教育的理论、价值与目标等；第二章分析了新时代高校思想政治教育的内容，包括基本内容、主导内容、拓展内容；第三章探讨了高校思政课程实践教学模式；第四章就新时代高校思想政治理论课教学改革进行了研究；第五章列举了新时代高校思想政治理论课教学评价与师资队伍建设，包括高校思想政治理论课教学考核评价体系创新、师资队伍建设与培养。

在编写本书过程中，参考和借鉴了一些专家和知名学者的观点及论著，从中得到启示，在此向他们表示深深的感谢。由于水平和时间所限，书中难免会出现不足之处，希望各位读者和专家能够提出宝贵意见，以待进一步修改，使之更加完善。

目录

第一章 高校思想政治教育概述

第一节 高校思想政治教育的理论指导

一、坚持马克思主义科学体系对大学生思想政治教育的指导

马克思主义是一个由一系列的基本理论、基本观点和基本方法构成的完整而科学的体系。它可以分为两大部分：一是马克思主义的基本原理；二是中国化的马克思主义。坚持马克思主义对大学生思想政治教育的指导，是坚持用完整、准确和发展的马克思主义来指导。只有完整、准确，用发展的观点来把握好马克思主义，才是科学地把握马克思主义。只有科学地把握好马克思主义，才能使马克思主义对大学生思想政治教育的指导落到实处。

（一）用马克思主义的基本原理指导大学生思想政治教育

马克思主义的基本原理主要由马克思主义哲学、政治经济学和科学社会主义三部分组成。大学生思想政治教育以马克思主义基本原理为指导，主要是这三部分的指导。

1. 马克思主义哲学的指导

马克思主义哲学，即辩证唯物主义和历史唯物主义。它是研究自然、社会和人类思维一般规律的科学，为我们提供了科学的世界观和科学的方法论，是马克思主义全部学说的基础，是一切学科研究的根本指导思想，也是思想政治教育和思想政治教育学研究的根本指导思想。坚持以马克思主义哲学为指导，就是要运用马克思主义唯物的观点、辩证的观点、实践的观点、群众的观点、阶级的观点、社会矛盾的观点，以及科学的方法为指导，来分析和解决大学生思想政治教育中的问题，来构建大学生思想政治教育的科学理论体系。

2. 马克思主义政治经济学的指导

马克思主义政治经济学揭示了资本主义的基本矛盾，论述了生产力和生产关系辩证统一的理论，阐明了经济关系和物质利益的原理，科学地解释了人们从事社会实践活动的物质动因。马克思主义的物质利益观要求大学生思想政治教育要与大学生的利益相结合而不是相分离。这就为大学生思想政治教育为解决大学生的实际问题提供了理论依据。

3.科学社会主义的指导

科学社会主义理论分析了资本主义生产关系，发现了剩余价值，从而彻底地揭示了资本主义的剥削实质及其产生、发展和灭亡的规律，科学地论证了社会主义代替资本主义的历史必然性，这就为大学生思想政治教育规定了根本的目的和任务。大学生思想政治教育要以科学社会主义理论为指导，引导大学生树立社会主义思想意识，坚持社会主义方向，牢固确立建设中国特色社会主义的共同理想和实现共产主义的坚定信念。这是大学生思想政治教育坚持科学社会主义理论指导的根本原因所在。

（二）用中国化马克思主义指导大学生思想政治教育

当代中国化马克思主义，即马克思列宁主义、毛泽东思想、邓小平理论、"三个代表"重要思想、科学发展观和习近平新时代中国特色社会主义思想。中国化马克思主义，是马克思主义基本理论与中国革命与建设实际相结合的理论成果，是中国共产党人领导中国人民创造的精神财富，是在中华民族传统文化基础上发展起来的先进文化，是我国获得独立与解放、建设与振兴的理论指南，是与时俱进的马克思主义。

"没有抽象的马克思主义，只有具体的马克思主义。所谓具体的马克思主义，就是通过民族形式的马克思主义，就是把马克思主义应用到中国具体环境的具体斗争中，而不是抽象地应用它。……离开中国特点来谈马克思主义，只是抽象的空洞的马克思主义。"要建设中国特色社会主义，开展大学生思想政治教育，不仅要用马克思主义基本原理指导，而且还应当用"具体的马克思主义"来指导。

中国化马克思主义对大学生思想政治教育的指导是系统而全面的指导，不仅包括对大学生思想政治教育的方向、目的、地位、任务、内容、范畴、功能、原则、对象、方法、创新的指导，也包括对如何加强大学生思想政治教育队伍的管理与建设、加强大学生思想政治教育的环境建设、加强和改善大学生思想政治教育的领导的指导等，这种指导的内容十分丰富。

二、大学生思想政治教育的主要理论依据

在完整、准确地学习、把握马克思主义科学体系的基础上，需要进一步把握与大学生思想政治教育密切相关、应用最多的那些马克思主义的基本理论原理，这些基本理论原理主要有以下五个方面：

（一）社会历史发展总趋势的理论

马克思主义从社会存在与社会意识的辩证关系出发，深刻地揭示了生产力和生产关

系、经济基础和上层建筑矛盾运动等一系列规律，指出社会形态的发展是由经济基础和上层建筑的矛盾直接推动的，而经济基础和上层建筑的矛盾又是受生产力和生产关系的矛盾制约的，社会生产力的发展是社会形态更替的根本动力和根本原因。这为我们正确认识资本主义社会和社会主义社会，为我们从根本上认识大学生思想政治教育的目的提供了科学指导。

马克思主义关于社会历史发展总趋势的理论，从总体上决定了大学生思想政治教育的地位、作用、目的、任务、内容和效果。大学生思想政治教育是中国特色社会主义事业的重要组成部分，是为实现中国特色社会主义历史使命服务的，具有十分重要的战略地位。大学生思想政治教育的根本目的就在于帮助大学生树立中国特色社会主义的共同理想，坚定对社会主义的信念，培育一代又一代中国特色社会主义的建设者和接班人，保证中国特色社会主义的性质和方向。大学生思想政治教育的正确与否，都要以是否符合社会历史发展的必然趋势和要求为根本标准；大学生思想政治教育效果的好坏与大小，主要视其对大学生树立坚定的社会主义信念、增强大学生的历史使命感、提高大学生的思想政治素质所起的作用而定。

（二）社会存在与社会意识辩证关系的原理

社会存在与社会意识辩证关系的原理，是唯物史观最根本的原理，它科学地回答了社会历史观的基本问题，揭示了唯物史观的实质。正确认识这一问题是解决其他社会历史观问题的基础和前提。

社会存在与社会意识辩证关系原理的基本内容是，社会存在决定社会意识，社会意识是社会存在的反映，社会存在的性质和变化决定社会意识的性质和变化。社会意识具有相对的独立性，对社会存在具有能动的反作用。进步的、革命的、科学的社会意识能够促进、加速社会存在的发展，落后的、反动的、不科学的社会意识对社会存在的发展变化起着阻碍、延缓的作用。

这一原理要求我们在大学生思想政治教育工作中正确认识两者的关系，既要认识到社会存在的决定作用，又要认识到社会意识具有相对独立性，对社会存在具有能动的反作用，要帮助大学生树立正确的社会意识，克服错误的社会意识；要反对割裂两者的辩证关系，既要反对片面夸大社会意识能动作用，否认社会存在的决定作用，防止大学生思想政治教育"万能论"的错误倾向，又要反对否认社会意识能动性，防止和克服大学生思想政治教育"无用论"的错误倾向。

这一原理告诉我们，社会存在的多样性，必然会造成大学生思想的复杂性。开展大学生思想政治教育就必须考察大学生在社会生活中所处的地位，所处的政治环境、经济环境、文化环境、人际环境和身心发展的特点，以便把握其思想的形成、变化的外部影响因素，根据社会存在决定人们思想的规律，有针对性地开展教育活动，增强大学生思想政治教育的有效性和科学性。这一原理告诉我们，教育者的任务必须是通过教育活动发挥好社会意识的能动作用，向大学生传播先进的、科学的思想和理论，以此武装大学生的头脑，帮助大学生转变落后的、错误的思想认识，促进大学生健康成长成才。总之，社会存在与社会意识辩证关系的理论，为我们正确认识大学生某一思想的产生、发展的规律，认识大学生思想政治教育的本质，为确立大学生思想政治教育的地位、作用提供了科学的理论依据，是开展大学生思想政治教育的锐利武器。

（三）正确处理人民内部矛盾的学说

在人与人的关系上，存在敌我矛盾和人民内部矛盾这两类基本矛盾。敌我矛盾是对抗性矛盾，人民内部矛盾一般来说是非对抗性矛盾，两类矛盾性质不同，解决的方法也不同：对敌人实行专政，而在人民内部则实行民主集中制。

大学生思想与行为中的矛盾一般都是人民内部矛盾，因此，关于正确处理人民内部矛盾的学说，是我们确定大学生思想政治教育的方针、原则、立场、态度、方法的直接理论依据。对于大学生的思想认识问题，只能采取讨论的方法、说理的方法、批评与自我批评的方法去解决。在大学生思想政治教育工作中，只有符合正确处理人民内部矛盾要求的教育方针、原则、立场、态度、方法才是正确的；反之，则是错误和有害的。

（四）人的本质的学说

马克思主义科学地揭示了人的本质，认为人的本质在于人的社会性，是人区别于动物的本质属性。人的"本质不是人的胡子、血液、抽象的肉体的本性，而是人的社会特质"，"人是最名副其实的社会动物，不仅是一种合群的动物，而且是只有在社会中才能独立的动物"，"人的本质不是单个人所固有的抽象物，在其现实性上，它是一切社会关系的总和"。社会关系的内容是极其丰富的，有经济关系、政治关系、法律关系、文化关系、伦理道德关系、民族关系、家庭关系等，其中，经济关系起主导作用，它是一切社会关系中的主要因素，政治、文化关系建立在经济关系之上，受经济关系制约。人与动物区别开来的主要标志是人们的生产劳动。

马克思主义关于人的本质理论，为我们正确认识大学生、科学开展大学生思想政治教育活动提供了理论指导。大学生思想政治教育的对象是大学生。大学生思想政治教育是帮助大学生树立正确思想的一种教育实践活动。科学地开展大学生思想政治教育活动，必须先要认识大学生、了解大学生，把握大学生的思想形成与发展的规律。研究和掌握人的本质理论有助于教育者正确认识大学生和把握大学生的思想形成与发展的规律。这是因为：第一，大学生的思想是在一定的社会关系中，通过参加社会实践活动而形成、发展的，各种社会关系对大学生思想的形成和发展产生极其重大的影响，其中经济关系对大学生的思想影响是关键。在坚持人的本质在于人的社会性的前提下，我们通过考察各种社会关系对大学生的思想影响，有助于认识和把握大学生的思想形成的物质原因和社会根源。第二，大学生的本质是变化发展的，这种变化发展必然导致大学生的思想的变化，研究人的本质变化、发展的理论，有助于我们科学地、动态地认识大学生思想的运动、变化的特点。第三，大学生的本质是在一切社会交往关系中实现的。大学生的社会交往关系越丰富，大学生活动范围和接触事物的广度和深度就必然增加，这样，大学生就能从中接受丰富的信息和进行广泛的人与人之间的思想交往。例如，在教育活动中与教育者的双向交往与互动，大学生就会受到教育者的引导和帮助，使自己形成新的思想政治品德。所以，在人的本质理论指导下，不仅可以认识大学生的思想形成的规律，而且能遵循大学生的思想政治品德形成规律，科学地实施教育活动。总之，只有坚持以马克思主义人的本质学说为指导，才有可能科学地分析大学生的本质和思想特点，营造良好的育人环境，引导大学生树立正确的世界观、人生观、价值观，使大学生的成长成才与我国社会进步的发展方向一致。

（五）人的全面发展的理论

马克思主义关于人的全面发展，是指个人劳动能力（体力和智力的）多方面的、充分的、和谐的、自由的发展。这里所指的"个人"，不是指个别人，而是指"每个人""任何人""全体社会成员"。人的全面发展是相对于人的片面发展而言的。人的片面发展是指私有制下的旧式社会分工造成的使人终身束缚于一种职能的畸形状态，这种片面发展的人，只是承担一种社会局部职能的局部个人。按照马克思主义对全面发展的人的论断，他们应该是"会做一切工作的人""具有尽可能广泛需要的人""高度文明的人"。

马克思主义关于人的全面发展的理论，是党和国家确定大学教育方针、目的和培养规格，确定大学生思想政治教育根本任务和目标的重要理论根据。

人的全面发展理论要求大学要为社会培养全面发展的人。为达此目的，大学必须施行全面发展的教育，全面发展的教育包括德育、智育、体育和美育，它们各有自己的特点、功能和规律，是相对独立的，对于实现人的全面发展又是缺一不可的，不能互相代替。同时，它们又是相互联系、相互制约的。大学生思想政治教育，即大学全面发展教育中德的教育，它是大学全面发展教育的重要组成部分，是大学生全面发展诸因素中的主导条件，关系到大学生成长成才的方向，对大学生的全面发展具有重要的保证、促进作用，是大学教育的根本问题。教育者的责任之一就是要教育引导大学生正确认识和处理好诸因素之间的关系，为培养全面发展的人才做出应有的贡献。

人的全面发展理论要求在大学生思想政治教育过程中，注重激发大学生的身心潜能，充分发挥大学生的自主能动性，引导教育大学生广泛培养兴趣、爱好，广泛发展大学生的社会交往能力，增强他们的创造意识，开发他们的创造能力。这是大学生的全面发展教育和提高民族素质的应有之义，也是增长大学生的本质力量，推动社会进步之需。

第二节　高校思想政治教育的价值与目标

一、高校思想政治教育的价值

（一）高校思想政治教育价值概述

高校思想政治教育的价值，用传统的概念来表述，就是高校思想政治教育的意义、功能、地位和作用，价值是对地位、作用的理论抽象和哲学概括。在中国共产党的历史上，对高校思想政治教育的地位、作用有过许多经典的表述，如"生命线""中心环节""政治优势"等。一般来说，高校思想政治教育的地位，是指高校思想政治教育在社会结构和社会生活中所占的位置；高价值强调在社会发展和人的发展过程中，高校思想政治教育所起到的作用，即其存在的意义。从它们各自的界定来看，高校思想政治教育的价值、地位之间有着密切的联系，只有将高校思想政治教育的价值放到明确的位置，才能更好地发挥高校思想政治教育的作用。

高校思想政治教育的价值问题，不是今天才出现的新问题。但事物是变化发展的，随着政治经济各方面条件的变化，新的历史条件下，时代主题也与原来的不同，这就出现了工作重心的转移和经济价值的凸显，一些人对高校思想政治教育的价值产生怀疑，轻视高校思想政治教育的倾向有所抬头。与此同时，就世界大的发展形势而言，世界政治经济格局发生了巨大的变化，经济全球化和科技革命迅猛发展；就国内形势而言，中国正在适应大的形势需要，正在进行社会主义制度的自我完善和发展，这将必然面临高校思想政治教育的任务更加神圣和艰巨，从而也就面临更加严峻的挑战。因此，重新审视和研究高校思想政治教育的价值，具有十分重要的理论意义和现实意义。

高校思想政治教育从本质上来讲，是一种精神生产活动。所谓高校思想政治教育的价值，"是人和社会在高校思想政治教育实践即认识活动中建立起来的，以人的思想政治品德形成和发展规律为尺度的一种客观的主客体关系，是高校思想政治教育的存在及其性质是否与人的本性、目的和需要等相一致、相适合、相接近的关系。这种关系是高校思想政治教育在其教育活动和社会关系中合乎人的发展（尤其是思想品德的形成和发展）和人类社会进步（尤其是精神文明的进步）的目的而呈现出的一种肯定的意义关系"。简言之，现代高校思想政治教育的价值，是高校思想政治教育对人和社会生存、发展的"意义""益处"或"有用性"。从表现形式上看，它属于精神价值，但可以转化为物质价值。

（二）高校思想政治教育价值的类型

划分或分解是逻辑学中明确事物外延的有效方法，能够帮助我们进一步认识事物的本质属性，高校思想政治教育价值内容丰富、形式多样，可以按照不同的标准和视角将之划分为不同的类型。

1. 按层次分类

（1）理想价值与现实价值

按价值的实现与否分，高校思想政治教育价值可分为以下两种：

理想价值，是指将来有可能实现但目前尚未实现的价值。当前我国高校思想政治教育理想价值是在中国特色社会主义理论体系指导下，具有共产主义道德品质的广大人民群众在促进社会全面发展的同时实现自身的全面发展。

现实价值，是指已经实现或正在实现的价值。高校思想政治教育对象思维观念的转变、心理困惑的消除、良好习惯的养成都是现实价值的外在表现。

高校思想政治教育的现实价值和理想价值相互联系、相互促进。现实价值是理想价值的实现基础，主体只有在现实价值实现后才具备获得理想价值的条件；理想价值是现实价值的目标指向，对现实价值具有激励、促进和引导作用。

（2）直接价值与间接价值

高校思想政治教育的价值有的是以直接的方式实现的，有的是以间接的方式实现的，从这个角度划分，可分为直接价值和间接价值。

高校思想政治教育直接价值是指高校思想政治教育活动满足人的意志、观念、情感、信仰等精神因素需要，不需要中间环节而直接引起教育对象的思想变化。教育者将社会要求的政治思想、道德规范传递给教育对象，调动他们的工作创造性和劳动激情，促进他们思想道德素质的提高，使其精神状态发生积极改变，这都属于高校思想政治教育的直接价值。

高校思想政治教育间接价值需要经过直接价值的转化才能够实现，指的是教育对象在高校思想政治教育的激发下，将精神动力转化为良好行为，以此促进社会的进步和发展。高校思想政治教育是作用于人脑的实践活动，因而可以说高校思想政治教育直接作用于人的思想，也就是精神世界；间接作用于人的行为，也就是物质世界。

物质世界和精神世界本身有着千丝万缕的联系，因而，高校思想政治教育的直接价值和间接价值也有着密切的联系。直接价值是间接价值的基础和起点，它为间接价值提供支撑，间接价值是直接价值的拓展和延伸。高校思想政治教育要在实现直接价值的基础上实现间接价值，在实现间接价值的过程中体现直接价值。

（3）长期价值与短期价值

按价值的持续时间分，高校思想政治教育价值可分为长期价值和短期价值。高校思想政治教育长期价值是指高校思想政治教育活动可以在较长时间内产生良好的教育效果，对人和社会的影响较为深远，比如马克思、恩格斯等革命导师的经典著作和奋斗精神，影响着许多人的一生，引起了世界格局的巨大改变，具有经久不衰的独特魅力。高校思想政治教育短期价值是指高校思想政治教育活动能够在一个较短的时间内取得成效，满足主体的需要。比如在关键时刻对主体进行高校思想政治教育，能够迅速调动起主体克服困难的勇气和完成任务的积极性，顺利完成既定目标。尤其是在处理突发性事件和群体性事件上，短期价值更不可小觑。

高校思想政治教育的长期价值和短期价值都非常重要，我们应当从短期价值着手，在其基础上进行持续性的教育和引导，力求实现长期价值；在长期价值的实现过程中，尽可能多地创造短期价值，在多次价值实现中强化高校思想政治教育效果，满足人和社会不同方面的需求。

（4）继承性价值与发展性价值

按价值的实现效果分，高校思想政治教育价值又可分为继承性价值和发展性价值。高校思想政治教育继承性价值是指高校思想政治教育活动使国家和社会的良性运行状态得以维持，保证人的思想道德品质不受干扰和破坏。在国际政治、经济势力相互博弈、东西方文化交融激荡的时代背景下，如何充分发挥高校思想政治教育的继承性价值，保持中华民族的传统美德和奋斗精神显得尤为重要。高校思想政治教育发展性价值是指推动社会向更高目标或更好状态迈进，推动人的思想道德水平不断提升，帮助人和社会取得创造性成果。通过高校思想政治教育，中国人民与时俱进、不断创新，确立起构建和谐社会的目标，树立了全面建成小康社会的信念，形成了奥运精神和抗震救灾精神，充分展现出高校思想政治教育的发展性价值。

继承性价值是发展性价值的来源，一定时期的发展性价值总是在继承性价值的基础上产生，并最终因时间的流逝成为另一个时代的继承性价值。发展性价值是继承性价值的延伸，高校思想政治教育只有不断寻求发展性价值，才能真正体现其"经济工作和其他一切工作的生命线"作用。

2. 按形态分类

（1）正面价值与负面价值

按价值的性质分，高校思想政治教育价值可分为正面价值和负面价值。正面价值是指高校思想政治教育活动较好地实现了国家和社会的高校思想政治教育目的，推动人的思想政治品德向更高层次发展。在我国，高校思想政治教育者按照党和国家的总体目标，根据教育对象的实际需求选择有针对性的内容和方法开展高校思想政治教育活动，大多都能取得正面价值。高校思想政治教育负面价值有两个层面。

①零价值

零价值即高校思想政治教育活动没有达到国家和社会的高校思想政治教育目的，对人的思想品德也没有任何改变。如果高校思想政治教育活动定位于应付领导和上级部门的检查，停留在"追潮流、走形式、搞过场"上，大量的时间和精力只能白白浪费，零价值现象就会出现。

②负价值

负价值即高校思想政治教育活动妨碍了国家和社会的高校思想政治教育目标实现，甚至破坏了原有的高校思想政治教育成果。"文革"期间的高校思想政治教育被异化为阶级斗争的工具，是典型的负价值。近年来，少数高校思想政治教育者欠缺理论水平和奉献精神，存在欺上瞒下、弄虚作假、投机取巧的行为，严重损害了高校思想政治教育的形象，其负价值显而易见。

（2）真实价值与虚假价值

按价值的真假分，高校思想政治教育价值可分为真实价值和虚假价值。可以这样理解，任何实践活动都不一定会取得预定的成果，对于高校思想政治教育而言，这个道理同样适用。高校思想政治教育真实价值就是指高校思想政治教育达到了预期的目的，高校思想政治教育的属性和功能方面实现了人和社会的需要。真实价值必须符合两个条件：一是教育对象具有接受高校思想政治教育的内在需要；二是高校思想政治教育对号入座，其属性正好能与所面对的教育对象的需要相契合，自身功能也得到充分发挥。高校思想政治教育虚假价值是指人和社会某种需要的满足，并非来自高校思想政治教育的自身属性和功能，而是从其他附加物中获得的。忽视主体尺度和客体属性的结合，顾此失彼，或二者全然不顾，就会导致高校思想政治教育真实价值的缺失。比如，有的高校思想政治教育者一味地迎合教育对象的口味，满足教育对象猎奇、搞笑、放松心情等需求，形成了轻松活跃的课堂气氛并获得教育对象的良好反馈，这种情况在判断价值有无时具有一定的迷惑性。实际上高校思想政治教育的理论品质被掩盖而没有发挥其应有作用，无法触及和关注到教育对象内心的高校思想政治教育需要，从而产生了"故事代替理论、笑声代替思考"的高校思想政治教育虚假价值。

（3）目的性价值与工具性价值

按价值的取向分，高校思想政治教育价值可分为目的性价值和工具性价值。目的性价值是指高校思想政治教育引导人正确地认识自身发展诉求，充分发挥人的主体性、能动性和创造性，最终实现人的全面发展。工具性价值是指高校思想政治教育作为无产阶级统治的工具，培养出符合社会主义国家意志和社会要求的人，以此来维系社会生存、促进社会发展、实现社会有效管理。工具性价值与目的性价值在高校思想政治教育中内在统一、不可分割。单一追求目的性价值容易无限扩大人的主体属性，掉入"人本主义"的深渊，丧失社会主义教育的政治优势；极端强调工具性价值则会陷入以阶级斗争为纲的错误思维，将阶级统治作为教育的唯一功能，漠视人的主体性，背离高校思想政治教育的本质。

（4）显性价值与隐性价值

按价值的表现方式分，高校思想政治教育价值可分为显性价值和隐性价值。显性价值是指高校思想政治教育效果通过语言或行为向外界充分呈现，成为价值判断和评估的依据。通过高校思想政治教育，人们认识到自身的不足或错误，继而做出明确的语言或行为反馈，如工人纷纷表示要在生产中增强责任意识、保证产品质量，学生下定决心努力学习、争取最好成绩等。隐性价值是指高校思想政治教育效果相对而言比较隐蔽，它并没有表现在表面，像显性价值一样，通过某种途径或载体表现出来，而是对其效果暂时无法下结论，处于无法评判或考量的隐蔽状态。比如，一些高校思想政治教育对象在接受高校思想政治教育后，虽然在思想观念上有一定的效果和变化，但是没有通过他的行为表现出来，也没有明确的教育效果的信息反馈。此时，人们就无法很快获知高校思想政治教育活动是否起到了有效的作用以及起到多大的作用，因而也就无法判定和衡量其价值。这种潜藏的价值状态就是高校思想政治教育的隐性价值。

3. 按群体分类

社会、集体和个体是现实世界中的不同实践主体，所有的实践活动都是由这三类主体完成的。社会活动的主体多种多样，高校思想政治教育作为一种客观的社会实践，其活动主体也具有多样性，从这个角度可以将高校思想政治教育价值划分为社会价值、集体价值和个体价值。

（1）社会价值

社会价值是指高校思想政治教育以其属性和功能对社会主体需要的满足。

①政治价值

高校思想政治教育是阶级社会的产物，因而，在高校思想政治教育的各种价值当中，政治价值居于首要地位，并起着导向作用，它决定着一个人的政治立场，折射出我国的社会主义性质，并引领人民走向社会主义的高级阶段。高校思想政治教育是作用于人脑的实践活动，它通过传播主流政治意识，使个体达成一致的政治认同，从而为政治统治的合法性提供辩护；同时，它对精神文化进行一定的约束，通过营造舆论氛围，以求赢得民心，继而引导政治行为，达到维护社会的政治稳定的最终目的；通过政治文化的传承、创新和变革，和谐政治关系；通过培养一代新人，造就政治人才，构建合理完善的政治机构，促进政治关系的再生产。总而言之，高校思想政治教育在维护当前政治、促进上层建筑发展的过程中，起着十分重要的作用。表现为以下方面：加强高校思想政治教育可以扩大政治认同，形成政治共识；维护政治稳定，平衡利益冲突；营造舆论氛围，进行社会动员；造就一代新人，促进政治发展。总之，高校思想政治教育正是通过培养人、造就人，提高人的素质，促进社会的政治发展。

②经济价值

经济价值是指高校思想政治教育通过调动受教育者的积极性，促使其主动参与经济建设以促进经济发展的价值。

市场经济受价值规律的制约，因而，市场经济是自由的经济，如果没有了政府的宏观调控，缺乏必要的社会规范和道德监督和约束，那么就很容易出现市场秩序混乱不堪、不正当的经济竞争频繁发生，以至于出现经济垄断的极端局面，这就很难确保人类自然资源和生态环境的合理使用，最终导致经济发展停滞，高校思想政治教育对社会主义市场经济发展的促进作用在于以下方面：

第一，培养具有良好品德的经济建设人才。高校思想政治教育虽不传授经济领域的专业知识，但可以对经济建设人才进行经济道德、规范、法则等教育，指导他们开展符合国家和人民利益的经济建设行为，为社会主义经济发展提供人才保证。

第二，优化经济发展环境。高校思想政治教育和经济发展的关系上文已经有所阐述，由上文可以得出，高校思想政治教育关系到精神文明建设的同时，还关系着经济文化、经济伦理和经济思想，它引导人们进行合理的经济竞争，并提倡人们树立合理、科学的消费观，响应党的号召，为自然、社会、个人谋求全面、协调、可持续的发展，有助于形成有利于经济进步的认识环境、道德环境和社会心理环境，从而为人类更好地发展做出贡献。

③文化价值

高校思想政治教育的文化创造主要在于对教育事业的整体促进和对社会主义人才的培养。

第一，文化选择价值。高校思想政治教育的文化选择主要表现在两个方面：一是肯定选择价值；二是否定选择价值。肯定选择就是吸收、继承和弘扬与高校思想政治教育目的和方向一致的文化因素；否定选择就是排斥、抵制和摒弃与高校思想政治教育目的和方向相悖的文化因素。

第二，文化创造价值。高校思想政治教育帮助成才者选择成才目标、养成良好的思想政治品德、进行创造性思维的训练，培养具备创新精神和创造能力的社会主义建设人才。

④生态价值

高校思想政治教育的生态价值是由高校思想政治教育实践活动创造的，最终也要转化为现实的生态行为。高校思想政治教育从正反两个方面发挥作用。

第一，对良好生态行为的导向和强化。高校思想政治教育通过组织环保宣传活动，倡导正确的生活方式，鼓励公众全面参与生态环境建设并树立榜样，努力在全社会形成提倡节约、爱护生态环境的行为导向。

第二，对不良生态行为的辨别和纠正。高校思想政治教育提倡人与自然和谐共处的原则与方法，辨别各类行为是否有助于保持生态平衡，及时发现并纠正违背生态科学发展规律的错误行为，指导人们在实际生活中互相监督和自我约束。

第三，在高校思想政治教育中，引导人们树立科学的生态世界观，增强生态责任感，是高校思想政治教育生态价值的重要方面。

（2）集体价值

整个社会群体中，除了个体以外，集体占相当大的比重。所谓集体就是由多位成员组成的集合体，高校思想政治教育的集体价值是指高校思想政治教育活动对这个集合体的存在和发展需要的满足。集体价值的大小就是这个满足程度的大小。个体价值与集体价值的关系正如个体与集体的关系，个体价值凝聚成集体价值，并推动着集体价值更加优化。主要表现在以下方面：

第一，强化集体认知。高校思想政治教育让每一位成员都充分认识到集体是连接个人与社会的重要纽带，是个体自我价值实现和全面发展的平台；认同集体价值观念和行为准则，认可其对成员的制约和影响；支持集体发展规划，确认集体目标的科学性和合理性。

第二，深化集体情感，集体情感是集体成员对集体态度的一种体验，不是理性的推导，而是日积月累形成的非理性结果，而高校思想政治教育的人性化优势能够使集体成员渴望成为集体的一分子并以此为荣，在集体面临困难时不离不弃、共渡难关。

第三，坚定集体信念。高校思想政治教育能够维护集体成员的忠诚度、责任感和荣誉感，增强自信心和自豪感，鼓舞成员以高昂的斗志齐心协力地应对外来竞争，坚信集体目标一定会实现。

（3）个体价值

高校思想政治教育的个体价值，就是指高校思想政治教育对以个人为单位的个体需要的满足。具体来说，这个个体价值的内容包括个人利益能否实现、个体需要满足的程度等。高校思想政治教育往往被看成是统治阶级巩固统治的手段和方法，而个体价值让人们清楚地认识到高校思想政治教育不仅关乎遥远的上层建筑，而且关乎自身的实际利益。它不是一种外来的甚至强加于人的东西，而是与人自身的生存和发展息息相关。现代高校思想政治教育的个体价值具体表现在以下方面：

①决定个体政治方向

在21世纪新阶段，加强对个体的高校思想政治教育，提高个体的思想政治素质，把个体的思想和行为引向积极、健康的方向，有利于保证我们在日益激烈的国际竞争中保持优势，巩固我们在国际中的地位。就国内状况而言，它有利于我们继续坚持走社会主义道路，全面建成小康社会，加快推进社会主义现代化进程，并培育社会主义建设的接班人，完成中国梦的伟大复兴。高校思想政治教育通过先进理论的灌输教育，使个体形成科学的世界观、人生观、价值观，促进个体加快社会化，符合这个时代的要求，也是高校思想政治教育的必然逻辑。

②激发个体创造力

高校思想政治教育在培养、激发和增强人的能力尤其是创新能力方面发挥着重要作用。它通过运用多种手段，激发人的行为动机，启发人的思想觉悟，调动人的积极性、主动性和创造性，帮助价值主体形成和提高自己的创造力，并在此基础上促使个体价值的实现。

③促进个体人格完善

高校思想政治教育依据人的思想动机与行为的相关性，一方面，通过普及科学知识，灌输科学理论，使受教育者不断明确自己的奋斗方向；另一方面，坚持理论联系实际，加强社会实践活动，通过这种特殊的实践形式，使人们意识到思想政治教育的巨大作用，从而实现高校思想政治教育的价值和受教育者自身的价值。

二、高校思想政治教育目标

（一）高校思想政治教育目标的类型

一般来说，目标是个集合概念，作为集合概念的高校思想政治教育的目标，指的是一个目标系统，这个系统之内的多层级子系统就是等级、大小俱不相同的目标类型。从本书前面各章对高校思想政治教育的本质、社会功能和历史使命等基本问题的论述来看，在诸多纷繁复杂的目标类型中，较为长期的社会目标和人格塑造目标，是影响其他各类目标的根本目标。科学地设计这两大根本目标，对于全社会高校思想政治教育的成败，具有决定性意义。

1. 社会目标、群体目标与个体目标

社会目标、群体目标与个体目标，是依高校思想政治教育对象的人数多寡而划分出来的目标类型。

（1）社会目标

所谓社会目标，指的是在一个国家内全社会的高校思想政治教育所要实现的目标。任何目标的确立总会有一定的依据，而不是空穴来风。适应和满足当前的社会发展需要，是制定和确立高校思想政治教育目标的根本依据。高校思想政治教育的社会目标一般是远期目标，需要经过相当长的时间持续努力才能实现。它贯穿高校思想政治教育的全过程，反映的是社会发展的客观趋势和长远需要，是高校思想政治教育最终要达到的预想效果。

其具有根本性、全局性和战略性，它对高校思想政治教育和人们的思想行为有着重要的战略指导作用。现代化建设新时期要求我们既要搞好物质文明的建设也要搞好精神文明的建设，这个高度的社会主义精神文明，就是我国的高校思想政治教育不断追求的社会目标。

（2）群体目标

人是社会的人，主要是以群体的方式存在，因而，高校思想政治教育的目标也是一个群体目标。这里的群体主要是指具有相同或相似特征的个体所组成的社会团体，顾名思义，群体目标就是高校思想政治教育对这些团体所要达到的目标。群体是由个体而组成，这些个体往往在某些方面具有相同或相似的特点，如职业相似、收入相近、年龄相仿，或者性格爱好相投，有时候也可能是身体状况、居住地、家庭条件等的相同或相似，这些因素会将不同的个体归类成不同的社会群体。在这些不同的社会群体之间，在许多具体方面又有一定的不同。例如，这些社会群体的生存境遇、理想追求、现有社会地位、对社会的价值判断等，这些具体因素的不同必然会使这些不同的社会群体遭遇各不相同的思想道德和政治观念问题，因此，根据所针对的不同群体，明确高校思想政治教育的具体目标十分必要。

一个很鲜明的例子是，我们常抓不懈的职业道德教育、官员道德教育、医德医风教育、青少年道德教育、大学生的价值观教育、教育工作者的教育等，要想取得实效，就必须首先进行相应的高校思想政治教育群体目标的科学设计。在现阶段向市场经济过渡的社会转型期，党和政府对农民、下岗工人、失业者、残疾人等社会弱势群体的特殊关照，无疑也要辅之以深入人心、温暖人心的思想政治工作。这种思想政治工作的实效性，同样依赖对不同的群体目标的科学设计。

（3）个体目标

个体目标，顾名思义，是高校思想政治教育对社会个体成员所要确立个体目标，这个个体目标的实现过程，可以是大到学校、社会，小到家庭、家人对个体的长期培养教育，最终达到人格目标的实现；这个个体目标也可以锁定在特定时期、特定实际问题，通过高校思想政治教育的活动达到即时目标，以解决实际问题。总之，无论是随处可见，以至于有些雷同相似的人格目标还是各种具体的即时目标，由于它们都属个体目标的范畴，所以和相对应的社会和群体目标相比，它们无疑具有强烈的个性化特征。因此，在确立个体目标时，要遵循马克思主义哲学科学方法的指导，做到所阐明的"具体情况具体分析""一把钥匙开一把锁"，将理论和实际紧密结合起来。

世界是普遍联系的，任何事物都具有一定的联系。当然，对于社会目标、群体目标与个体目标而言，它们三者之间也具有紧密的联系。按照马克思主义哲学关于人的本质的理论、个人与社会关系的理论都有详细明确的阐述，按照马克思主义哲学的论述，我们可以得出，社会目标、群体目标和个体目标三者之间是相辅相成、相互转化的辩证统一关系。对于社会目标和个体目标两者而言，个体目标是社会目标的基础，同时，社会目标对个体目标具有指导作用。如果社会目标是个错误的目标，那么它将引领个体目标走向迷途，个体目标就会迷失方向，即使个体目标是正确的，那么也很难实现；同样，积少成多、集腋成裘，社会目标的实现离不开个体目标的积累。而没有一个个具体的个体目标的累积，社会目标则必然丧失根基、流于空谈，空泛而没有意义，同样难以实现。一旦个体目标和社会目标都没有实现，那么，这就意味着高校思想政治教育的失败。至于社会目标和群体目标、群体目标和个体目标的关系，也大体如此。

因此，要实现高校思想政治教育的最终目标，就要将社会目标、群体目标、个体目标结合起来，并正确认识它们之间的联系，这样才能摆正方向，正确发挥科学的高校思想政治教育的作用，促进社会的文明和进步。与此同时，要确立相应的群体目标和个体目标，推动各个社会群体文明水平的提高，增强个体教育对象的人格修养和全面发展能力。

2. 人格目标与即时目标

具体来说，人格目标与即时目标其实都属于个体目标的范畴，是根据对个体的高校思想政治教育所着眼问题的性质而做的分类。倘若教育者着眼于受教育者的人格培养、人格塑造，此时的高校思想政治教育目标可称为人格塑造目标或人格目标；倘若教育者着眼于帮助受教育者解决当下面临的实际问题而端正其思想认识、提高其思想水平等，此时的高校思想政治教育目标可称为即时目标。人格目标是高校思想政治教育带有长期性、根本性和终极性的个体目标，而即时目标则是高校思想政治教育带有迫切性、经常性和反复性的个体目标。人格目标对于即时目标具有指导性和目的性，而即时目标则是实现人格目标的基础和手段。如果说人格目标是结果的话，无数即时目标的累积则是获得这一结果的必经过程。因此，人格目标和即时目标是相辅相成、不可分离的辩证统一的关系，对其中任何一个目标的忽视，都必然导致高校思想政治教育的失效。人们很难设想，仅仅埋头于日常琐细思想问题的解决而忘记人格培养的大方向，或者仅仅热衷于高尚人格的说教而不解决具体问题的高校思想政治教育，会是成功的高校思想政治教育。

道德教育、人格塑造是全部教育的核心；培养具有完美德行的人，塑造人的真善美人格、公正品格和民主思想，是现代教育的最高目的。在中外现代教育史上，道德教育始终被置于中心位置，新中国的教育方针也一直要求受教育者德智体全面发展，成为德才兼备的有用人才。而真善美人格的塑造，则是道德教育，也是高校思想政治教育的最高目标。事实上，高校思想政治教育的一切个体目标，都要建立在个体的思想品德结构的基础之上，都要反映个体的思想品德和人格结构的发展需要。所以，在整个思想教育的目标体系中，个体的人格目标（它是社会目标得以完满实现的基础条件）必然处于核心地位；忽视个体人格目标的高校思想政治教育，不是真正意义上的高校思想政治教育。

所谓人格，通俗地说，就是人之为人的"资格""格调"，是人之区别于非人的根本特质，例如人的权利、人的尊严、人的理性、人的情操、人的道德感、人的进取心等，都属于人格的范畴。说一个人丧失了人格或人格低下，无非是说他失去了人的尊严，或者在权利意识、道德感等方面有所欠缺。中国优秀的传统道德，"要求人做一个有尊严的人、高贵的人、昂首挺立的人。不可过分卑屈，自轻自贱，不可带着奴性贱性。这样的人格自然不会拍马溜须、阿谀逢迎，这样的人格庄重、矜持、尊贵、威严，宁可失之自傲，也不失之自卑"。"富贵不能淫，贫贱不能移，威武不能屈"，两千多年前孟子的这句话之所以成为千古流传的人生箴言，之所以至今仍是中国人的人格目标，不就是因为它真切地反映了中华民族的人格追求吗?

以上所说,大体上属于中国传统伦理学所特别强调的"道德人格"范畴。现代西方的人格理论认为,人格是自我、本我、超我的统一,是性格、气质、能力的总汇,是社会角色、身份和主体的同构。因此,对于现代的人格概念,除了伦理学这一研究角度之外,人们还从心理学、法学、社会学、人类学等学科角度去研究分析,关注人的心理人格、法律人格的健全。所谓心理人格,侧重于对人的生存、发展的心理需要和精神活动的描述,强调每个人对个体本质的自我实现;而法律人格,则把人置于法律关系中去理解,强调个体人作为法定的权利义务之行为主体的公民身份。总之,人格概念所描述的是现实的有特色的个体人经由社会化所获得的、具有内在统一性和相对稳定性的特质结构,是人的思想品德、心理状态和社会行为的综合反映。如前所述,个体人格(包括道德人格、心理人格和法律人格等)的提升和完善,是高校思想政治教育一切个体目标的核心。

根据道德成长的一般规律,任何人的人格完善都是个独特的渐进过程,不可能一蹴而就。对于处不同的身心发展阶段的人来说,其人格需求是不同的。所以,对人格目标的设计也应当因人、因时、因地制宜,从每个人的思想实际出发,绝不能搞千人一面的"高大全"人格模式。当人格目标太理想化时,就成了遥不可及的天上星星,受教育者会认为"反正我也做不到",因而干脆放弃追求。当然,人格目标也不可以太现实化而缺乏理想,这样就成了脚边的玫瑰,人们无须努力追求便唾手可得,因而也不会加以珍惜。切实可行的人格目标,应当把理想和现实恰当地统一起来,使受教育者"跳一跳,够得着",如此不断地提升目标,最终会使受教育者趋于人格完善。

科学设计的人格目标如何才能一步步地实现? 这就要靠一个个即时目标的累积。人们在日常的生活、学习、工作中,"心想事成""万事如意"的境况几乎是绝无仅有的例外,而遭遇困难与挫折却是常态。思想政治工作者的任务,就是要主动地、热情地关心身处困境的人,为他们创造从思想到物质的条件,帮助他们克服困难、战胜挫折、昂首前进。每一个旨在解决思想和实际问题的即时目标的实现,必定会加强人格目标教育的说服力和诱导力,带来受教育者道德和人格的提升,或者至少为人格提升创造条件。实践表明,人们正是在实现一个个高校思想政治教育之即时目标的过程中,不断地趋近于以至最终实现高校思想政治教育的人格目标,从而促进自身的全面发展和社会进步。

(二) 当代中国高校思想政治教育的目标

1. 当代思想政治工作目标的内涵

进入21世纪,思想政治工作面临一个全新的环境。国际上,和平与发展成为时代主题,世界格局由两极世界转向多极世界，再加上经济全球化浪潮的影响，世界政治、经济、文化格局，包括意识形态领域等方面都发生了重大变化；国内，我国正处于一个社会转型期，经济体制正由传统的计划经济转向社会主义市场经济体制，党的工作以经济建设为中心。新时期加强和改进思想政治工作，就是为了更好地统一全党全国人民的思想，培养"有理想、有道德、有文化、有纪律"的社会主义新人，调动广大人民群众的积极性，进行以经济建设为中心的社会主义建设事业。

这一时期思想政治工作目标的内涵，是依据社会的发展需要和人的发展需求确立的。它以客观条件为依据，受客观条件的制约和检验，是科学的、明确的。

（1）反映了时代要求和中心任务的需要

当代高校思想政治教育工作的最终目标是为社会主义建设事业服务的，它紧跟时代步伐，反映了我们党和国家奋斗目标的时代要求，反映了党在新时期的中心任务的需要。我党的最终奋斗目标，是要达到并实现共产主义，从社会主义的初级阶段走向社会主义高级阶段。马克思主义社会经济学对共产主义制度的阐述和构想是，共产主义社会的实现不是一蹴而就的，它和任何新生事物一样，都要经历一个从萌生、发展、成熟到最后终结的曲折过程，这个过程对于共产主义社会而言，是一个漫长的历史发展过程，它不是一下子就走向成熟的，中间会经历许多历史阶段，每个历史阶段的发展目标不同，因而任务、特征、难易程度和历程等也不同。我国对于共产主义的理解和实践有着鲜明的中国特色，在每一个发展阶段，我国的社会经济、政治、文化的发展水平不同，党和政府会根据这些具体的现实情况的不同，确定出每个时期的中心任务。根据目前我国各个方面的发展情况，可以明确我国当前并将在未来的很长时间内都处于社会主义初级阶段，这个大前提，决定了我国建设社会主义现代化，最终实现共产主义要先踏实走过这个社会主义初级阶段，而不能逾越这个历史阶段。在这个初级阶段中，党提出了相应的基本路线与纲领，即把我国建设成为富强、民主、文明的社会主义现代化国家的奋斗目标。为了和社会主义初级阶段的国情相适应，思想政治工作的总体任务和具体任务就要有一个明确的定位，不仅应努力提高人们对社会发展规律的科学认识，激发人们为实现远大理想而奋斗的热情、毅力和斗志，还应围绕现阶段党和国家的中心任务，坚持科学发展观，怀有中国梦，在坚持人民群众是实践的主体、是历史的创造者的基础上，发挥人民群众的能动作用，引导并带领群众既要搞好物质文明建设又要搞好精神文明建设，在谋求经济发展的同时还要达到人的精神文化和其他素质（包括道德素质、思想文化素质、心理素质等）的提高，真正起到宣传群众、动员群众、组织群众的作用，使思想政治的最终成果达到从群众中来到群众中去，真正做到帮助群众、依靠群众，帮助广大人民群众达成共识，共同投身于建设有中国特色社会主义的事业，满足党和国家事业的需要。反之，如果我们不能让群众积极地加入建设队伍中来，不能让群众理解、支持党的政策，把思想政治工作搞成形式主义的说教，甚至说假话、空话、大话，导致群众严重的抵触情绪，不信任党、不理解党领导的事业、不能与党和政府同心同德为共同的事业而奋斗，就表明我们的工作出了大问题，必须进一步加强与改进。

（2）反映了工作对象的思想政治品德现状和发展的需要

高校思想政治教育工作的最终目的是为社会主义建设事业服务的，因此，它的首要目的是提高人们的思想觉悟和认识水平。使理论能够结合实际，运用到现实的生活中来，用马克思列宁主义、毛泽东思想、邓小平理论、"三个代表"重要思想、科学发展观和习近平新时代中国特色社会主义思想武装人们的头脑，提高人们的思想道德素质，从而加强人们认识世界、改造世界的能力。高校思想政治教育工作的展开涉及传播者和工作者两个具体的对象，思想政治工作其实质就是思想政治的授受过程，因此，思想政治工作目标和高校思想政治教育工作对象的客观状况有着很密切的联系。工作对象的客观状况具体包括三个方面：一是工作对象自身的思想政治品德现状；二是根据其知识结构水平、思想认识、身心发展的实际情况，工作对象思想政治品德的形成、发展和变化规律；三是工作对象把思想政治品德"外化"为实践、知行统一、行为践履的客观状况。所以在实际工作中，我们必须对工作对象及广大人民群众的思想状况做详细考察，既要认识到一些不良的思想行为，如极端个人主义、拜金主义在相当范围内的泛滥，又要认识到人民群众有高度的自我教育和改造能力，可以通过细致到位的思想政治工作克服这些不良思想倾向的影响，这样才能科学地把握现阶段思想政治工作目标的内涵要求。反之，如果对工作对象的思想实际了解不深、掌握不多，甚至一无所知，对工作对象的思想行为发展趋势不能准确地把握预测，那就好像农民不懂庄稼、医生不懂病人、教师不懂学生一般，便会出现思想政治工作者把工作内容强加于对象，使工作陷入唯心主义泥潭的局面。其实，这种现象在实际工作中并不少见，有些思想政治工作者，不仔细研究工作对象客观状况，不以改造工作对象的思想行为为己任，在他们的工作中，不针对工作对象的思想状况，体现不出工作对象的个性特征，当然也实现不了提高工作对象认识水平的目标要求。我们加强和改进思想政治工作，就必须认识到思想政治工作目标反映的这一要求，从而摒弃那种空对空的工作方式。

总之，思想政治工作的目标是依据并顺应社会发展的客观要求提出的，是为完成认识世界和改造世界从而推动社会发展的历史使命提出的，它反映了客观世界发展的本质规律。科学的思想政治工作目标，面向客观世界、依赖客观世界，客观世界规定了目标的内容和性质。目标所体现的党和国家的奋斗目标、工作对象的思想状况、历史实践的需要，都要受到社会客观条件的制约。我们只有根据目标所反映的客观要求加强和改进思想政治工作，才能使工作紧跟形势，体现出时代特色，适应需要，推动社会发展。

2. 当代政治思想教育目标的内容

（1）政治目标

政治目标就是当代高校思想政治教育在政治素质方面的目标。思想政治工作首先应帮助人们具备基本的政治要求，即用爱国主义思想教育工作对象，使其成为一个忠诚的爱国主义者；其次，应使人们努力学习马克思列宁主义、毛泽东思想、邓小平理论、"三个代表"重要思想、科学发展观和习近平新时代中国特色社会主义思想；最后，还不应忽视帮助人们树立社会主义民主法制观念，使广大人民群众都能知法、懂法、守法，并学会运用法律武器保护自己的合法权益，维护社会的稳定。

（2）思想道德目标

思想政治教育在思想道德方面也有着重要作用。要使人们在继承传统美德的基础上，发扬社会主义道德，树立以为人民服务为核心的、集体主义为原则的道德观，从而能正确处理个人、集体、国家之间的利益关系，当个人利益与集体利益、国家利益发生矛盾时，自觉地以个人利益服从集体利益、国家利益，从而使良好的社会公德、职业道德和家庭美德在全社会得到进一步的弘扬。

（3）观念能力目标

思想政治工作应进一步解放人们的思想，克服旧观念的束缚，帮助人们树立适应社会主义市场经济发展的竞争、自主、平等、创新、开拓等新观念；培养人们的观察能力、分析能力、辨别能力、创新能力等，特别应帮助广大人民群众能自觉识别抵制封建主义、资本主义腐朽思想、迷信思想的侵蚀，树立科学观念；新时期思想政治工作还应注意人们的心理健康问题，帮助人们加强在激烈竞争的环境中的心理承受力和心理调适能力，使之具备良好的心理品质，培养自尊、自爱、自律、自强的优良品质；最后，我们还应注重工作对象的善恶观念和审美能力的提高，帮助人们树立正确、健康的审美观，提高人们辨别美丑、创造美的能力。

（三）明确当代高校思想政治教育目标的意义

1. 方向性意义

目标，就是方向。高校思想政治教育目标，就是培养人们在思想、政治、道德素质上应该达到的规格，明确要培养具有什么样的政治思想和道德素质的人。高校思想政治教育目标就是高校思想政治教育者和受教育者都应努力的方向。高校思想政治教育目标，对教育者而言，是实际工作的指标；对受教育者而言，是思想素质和道德水平所应达到的程度。

如果高校思想政治教育工作脱离目标，就不仅会造成大量人力、物力、财力的浪费，而且会导致工作结果完全朝背离我们所希望的方向发展，甚至从反面阻碍我们的事业发展，阻碍工作对象思想品德的提高，阻碍全社会良好风气的形成，带来严重的危害和损失。

2. 推动性意义

明确当代高校思想政治教育目标能够推动高校思想政治教育活动的展开。高校思想政治教育的目标是高校思想政治教育活动开展的预期结果，让教育主体和教育客体看到了教育的结果及其价值所在，从而产生为实现这一结果的强大动力。在社会实践活动中，人们总是为一定的目标而努力。目标也因此具有激励人们积极开展实践活动的作用。高校思想政治教育目标对于教育者和受教育者都具有激励作用。对教育者而言，目标实现表明其工作有效，因而得到社会的褒奖和肯定，从而激励教育者继续努力。对于受教育者，目标实现意味着其思想素质和道德水平达到社会的要求，其成为社会需要的人，得到社会的认同和接纳，从而激发受教育者更主动地接受高校思想政治教育。因此，在高校思想政治教育活动中，科学、具体和可行的目标可以提高教育者和受教育者两个方面的积极性，发挥他们积极参加高校思想政治教育的主动性。

3. 检验性意义

效果检验是高校思想政治教育的重要环节。要保证检验的客观性，就必须依赖一个统一的客观标准，这个标准就是高校思想政治教育目标。因为高校思想政治教育目标包含对教育者、受教育者、教育内容等方面的具体要求和规定，反映了党和政府对高校思想政治教育的总体要求。所以，依据高校思想政治教育目标对教育者进行评价则更具客观性和公正性。

4. 应变性意义

在中国共产党的创立时期，需要大力宣传马克思列宁主义，对工人等人民群众进行启蒙教育，于是就开办工人夜校、工人俱乐部以及出版马列主义刊物等；到了抗日战争时期，思想政治工作目标产生了变化，要求彻底清算王明路线、统一全党全军思想，于是便进行了整风运动，为我党树立了理论联系实际、密切联系群众、批评与自我批评三大优良作风，使党的思想政治工作理论和实践都有一个很大的发展。而目前，我国正处于改革开放深入的时代，亟待思想政治工作来保证社会主义事业的顺利进行。

我们以目标为导向，紧紧围绕目标的时代要求，根据目标来改进内容、形式、方法，就可以实现现阶段思想政治工作对时代形势的高度应变性，抓住机遇，创造良好的精神条件和思想文化氛围，真正承担起保证社会主义建设事业顺利进行的重任。

5.有效性意义

思想政治工作实现的程度检验了工作的有效和无效。通过检查思想政治工作的结果是否与预期的目标方向一致，我们可以判断工作是有效或无效的。如果工作的结果偏离了预期目标的方向，甚至与目标背道而驰——目标需要解决工作对象的思想问题，可是经过工作以后，对象的思想包袱反而更加沉重了；目标需要我们引导工作对象的积极性和创造性，可经过工作以后对象反而更加消沉了，甚至对工作根本失去信心了，那样的工作是无效的，甚至是负效的，没有起到任何作用，反而耗费了时间和精力，或者引起了工作对象的反感，产生了副作用、反作用。所以，我们改进思想政治工作，提高工作的有效性，首先就要彻底除去这种无效、有害的工作方式。

第三节　高校思想政治教育的内涵与特征

思想政治教育的内涵是大学生思想政治教育的首要问题。大学生思想政治教育的各种途径、方式、活动是建立在对思想政治教育内涵的科学把握基础之上的，思想政治教育的内涵是开展各种类型、各种方式思想政治教育活动的依据。

一、高校思想政治教育的内涵

大学生思想政治教育是指高校按照一定的社会要求，对大学生实施有目的、有计划、有组织的思想品德、政治素质和心理素质教育，把大学生培养成中国特色社会主义事业的合格建设者和接班人的一种实践活动。大学生思想政治教育作为高校意识形态工作的主渠道和主阵地。在当代中国，坚持马克思主义指导思想，关键是要坚持以马克思主义中国化最新理论成果为指导，引导青年学生不断增强道路自信、理论自信、制度自信、文化自信，把实现中华民族伟大复兴中国梦的满腔热情转化为刻苦学习、努力工作、报效祖国的实际行动。大学生的思想政治教育作为我国高等教育的一个重要组成部分并且具有鲜明的中国特色，内容是系统的而不是零散的，具有严密的科学体系。它既包括思想教育、政治教育这样的主导型教育，也包括道德教育、心理教育、法纪教育等基础性教育。

大学生思想政治教育是一种实践活动。在大学生思想政治教育活动中，大学生作为思想政治教育的主体和客体，实现了双重身份统一，"思政课"则成为大学生思想政治教育的工具，以实现把大学生培养成社会主义伟大事业合格的建设者和接班人为目标。坚持马克思主义在各项教学内容中的主导地位，保持思想政治教育的社会主义方向，用中国特色社会主义理论体系武装大学生的头脑，树立中国特色社会主义的共同理想，树立正确的世界观、人生观、价值观，促进大学生的全面发展，着力增强大学生的社会责任感、创新能力和实践能力。由此看来，大学生思想政治教育既是一个思想道德问题，也是一个政治问题。

当今，我们应清楚地看到，大学生的思想政治状况主流还是积极向上的，但我们也应清醒地认识到，随着经济全球化进程日益深入，西方各种文化思潮和价值观念冲击着大学生的思想，腐蚀着大学生的心灵。现在的一些大学生在不同程度上存在政治信仰迷茫、理想信念模糊、价值观念扭曲、诚信意识淡薄、社会责任感缺乏等问题。为完成社会主义现代化建设，实现中华民族的伟大复兴，确保中国在激烈的国际竞争中立于不败之地，只有加强对大学生进行思想政治教育，才能培养出高素质的人才，为社会做出应有的贡献。

二、高校思想政治教育的特征

研究和把握当代大学生思想政治教育的特征，是对大学生思想政治教育内涵的补充，也是搞好大学生思想政治教育的关键环节。接下来从以下五个方面的特征进行深入分析和总结。

(一) 政治性——明确正确的政治方向

"政治性"表现在几个方面？从一般到具体，每一个国家、每一个社会都有自己占统治地位的思想。统治阶级总是利用各种手段来维护自己思想的统治地位。思想政治教育作为阶级统治的工具，具有鲜明的阶级性。马克思指出：统治阶级的思想在每一时代都是占统治地位的思想。这就是说，一个阶级是社会上占统治地位的物质力量，同时也是社会上占统治地位的精神力量。

作为社会主义制度国家，我国思想政治教育的政治性表现在三个方面①反映维护广大工人农民阶级利益的思想政治工作的出发点和落脚点是实现好、维护好、发展好最广大人民的根本利益，尤其是广大工人农民阶级的利益。②反映巩固社会主义制度。思想政治教育是使我国改革开放和现代化建设沿着巩固社会主义制度的方向发展、防止迷失方向的保证，是使我国社会主义制度得到巩固和发展，就是要深刻认识和把握中国特色社会主义制度的本质和特征，坚持党的领导、人民当家做主和依法治国的有机统一，大力促进经济、政治、文化、社会、生态等各方面制度的创新、发展和完善。③宣传党的纲领、路线、方针和政策，维护民主集中制和党的纪律；坚持思想建党和制度治党相结合；思想教育要突出重点，加强党性和道德教育，引导党员、干部坚定理想信念，坚守共产党人的精神追求。党员、干部必须认真学习马克思列宁主义、毛泽东思想、邓小平理论、"三个代表"重要思想、科学发展观和习近平新时代中国特色社会主义思想，自觉用贯穿其中的立场、观点、方法去武装头脑、指导实践、推动工作，始终不渝地为中国特色社会主义共同理想而奋斗。

意识形态工作是党的一项极端重要的工作，而思想政治教育作为意识形态工作的一个方面，大学生作为人民群众中最具生命力和创造力的一个群体，高校要把思想政治教育工作摆在更加突出和重要的位置，始终坚持马克思主义的指导地位。在对其进行思想政治教育的过程中更是应该明确其鲜明的政治性，坚持正确的政治方向，运用马克思主义的立场、观点和方法分析和解决问题，坚定共产主义信仰，牢固树立中国特色社会主义道路自信、理论自信、制度自信、文化自信。

（二）时代性——跟紧时代的步伐，与时俱进

思想政治教育的时代性，就是要把握时代脉搏，与时俱进，不断地推进思想政治教育理论创新。时代的不断发展，使思想政治教育的时代性成为思想政治教育工作者需要一直面临的问题。时代的不同，决定了思想政治教育的目标、内容和方法也不尽相同。恩格斯指出："每一个时代的理论思维，以至我们时代的理论思维，都是一种历史的产物，它在不同的时代具有完全不同的形式，同时具有完全不同的内容。"思想政治教育的时代性要求思想政治教育要在关注时代发展的基础上，根据不同形势下的经济社会发展状况，思想政治教育既要在理论上进行创新和发展，又要使思想政治教育实践与理论一致。时代的发展，也必将出现新的特征和发展趋势，思想政治教育时代性，要把握时代发展潮流，体现时代特点，不断地对思想政治教育理论进行创新和发展，使思想政治教育时代性体现在理论和实践的过程中。

而大学生思想政治教育也要紧跟时代步伐、社会发展的节奏，不允许滞后和倒退，具有鲜明的时代特征。这一特征主要体现在对当前党的路线、方针、政策等以及这些内容的理论来源和现实依据的及时更新。因此，我国的思想政治理论教育内容必然包括马克思列宁主义、毛泽东思想和中国特色社会主义理论体系、社会主义核心价值观等内容。而这些内容的学习要与当今理论发展保持一致，对大学生理解理想信念教育、爱国主义教育、人生观教育、道德理论教育、生态文明教育等具有现实意义。思想政治教育只有融入时代的理论内容，理论教育才更具生命力，才更容易被大学生所掌握；时代性特征体现在大学生思想政治教育内容中，就是要做到理论联系实际；让大学生掌握先进、正确的理论知识，从而更好地指导实践活动，处理好实践中的热点与难点，这样的思想政治教育更具说服力。

（三）实效性——切实做到以学生为本

大学生思想政治教育的实效性可以理解为：高校按照大学生思想政治教育目标和教育内容的要求，结合高校思想政治教育的特点，发挥高校思想政治教育功能，对大学生开展思想政治教育活动，提升思想政治教育结果（大学生思想政治素质、道德品质和心理素质）与思想政治教育结合程度的实践过程，使大学生思想政治教育的各项任务落到实处，真正做到以学生为本，把以学生为本的思想贯穿高校思想政治教育工作的始终，秉着一切为了大学生全面发展和健康成长的理念，从大学生的个性成长和实际需求出发，有针对性地做好大学生思想政治教育工作。

1.要转变观念，树立以学生为主体的理念

大学生思想政治教育的根本目的，就是促进大学生的成长成才，因此，必须确立以学生为中心的思想，充分尊重学生的主体地位和个性特征；应当摒弃过去那种忽视学生个体差异居高临下、空洞冗长的说教式、灌输式思想教育的方法。要在贴近学生实际、深入了解学生各方面情况的基础上，找准教育引导的切入点和着力点，从大学生的个性发展和实际需求出发，有针对性地做好大学生思想政治工作。

2.要把大学生内在的积极性和主动性调动起来

大学生思想政治教育工作就是将作用于大学生身上的外部压力，转化为大学生的内部压力。而完成这种转化，不能仅仅依靠教育者的努力，更需要依靠学生的自我感悟和自我教育。所以按照教育与自我教育相结合的原则，大学生思想政治教育工作的各项措施都要符合当代青年学生的心理需要，体现以学生全面发展为本，在发挥好学校教育引导作用的同时，培养学生积极主动的人生态度，能动地实现学生自我学习、自我教育、自我提高的目的，促进学生全面发展健康成长。

3.高校思想政治教育要满怀关爱与责任

为大学生的成长成才服务，且坚持把解决学生的思想问题和其他实际问题结合起来。高校思想政治教育既要教育人、引导人，又要关心人、帮助人。对学生倾注更多的关爱和支持，多些理解和尊重，以满腔热情积极帮助解决学生面临的各种实际问题。要切实树立一切为了学生、为了一切学生、为了学生的一切的意识，做到急学生之所急、办学生之所盼。及时为大学生排忧解难，使思想政治教育工作春风化雨、润物无声。

4.根据不同层次学生的实际，建立分层递进的思想政治教育目标

由于学生在面对没有层次性的、过高的目标要求，很容易出现混乱的现象。因此，高校思想政治教育须分层次、有步骤地引导学生从低级向高级，脚踏实地地从基本的道德要

求向较高的道德追求迈进；在大学的整个教育环节，专科一年级到三年级，本科一年级到四年级，每个年级都应该有教育重点。对刚入学的新生，学校组织的教育重点应该是遵章守纪和怎样读好书。教育学生遵守学校的各种规章制度，上升到遵守国家的法律、法令，以此约束自己的学习、思想和生活，在学习进步的同时，也要逐步学会做人做事，恪守人格尊严。对大二学生来说，学校教育的重点应促使每一位青年学生集中精力学好每一门课程，无论是公共课、专业课还是选修课，都要求每一个学生认真学，不分心、不偏科，正确处理好读书与积极参加社会活动的关系，正确处理好读书与恋爱的关系，正确处理好读书与生活中遇到的问题的关系。全身心投入读书，力求使各门功课都学得比较扎实一些。对大三、大四的学生来说，学校教育的重点在于鼓励每一个学生在搞好学习的同时，逐步转入对学生的就业教育。引导学生树立正确的就业观，处理好就业、择业、创业间的关系，积极倡导学生先就业、后择业、再创业。在整个大学阶段，除了每学年对他们进行学业侧重教育外，理想信念教育及世界观、人生观、价值观的教育应贯穿高校各个阶段教育的始终。

5. 努力把思想政治教育做到大学生的心里去，要贴近实际、贴近生活、贴近学生

切实提高思想政治教育的吸引力和感染力，而不是空喊口号，应当进一步改进思想政治理论课的教学方法。采取灵活多样的政治理论学习方式，更加有效地发挥思想政治理论课的主渠道作用。要将教师的言传口授与学生的能动思考有机结合起来，贴近大学生思想特点和思维习惯，让大学生从乐闻到信服。还要注重把积极的思想政治教育工作理念贯穿各项主题活动中，通过一系列创新性校园与社会实践活动，使学生在实际参与中获得自我提升。要把以学生为本与以教学为中心统一起来，把注意力放在提高教学质量上，真正把以学生为本的教育理念落实到日常教学中，加强学风建设，提高教学质量；落实到大力加强德育工作，推进素质教育上来。切实提高高校思想政治教育工作的影响力和实效性。

（四）针对性——提倡现实和个性

新时期高校思想政治教育面临的一个重要课题，就是探索在复杂的社会环境中，如何引导大学生学会分辨、学会选择，健康成长，这就要求思想政治教育要有针对性。不同学生群体倡导分类教育，绝不搞一刀切、一勺烩，而是在教育载体、内容和层次上有所区分和侧重，开展差异化、多样化思想政治教育，其最终目的是帮助学生掌握正确的立场、观点、方法，认清哪些是先进的、代表社会前进方向和人民根本利益的，哪些是陈腐的、有害的、即将衰败的，哪些是对社会主义制度和广大人民的利益以及对个人的成长成才有害的。帮助学生透过社会现象看本质，认识社会主义的强大生命力，把握社会主义社会的主流价值观，一旦学生有了辨真伪、明是非的能力，就不会惧怕复杂的社会环境，就能在复

杂的社会环境中健康成长。

对于校内各种活动和社会实践活动来讲，大学生除了学习书本知识外，还应该积极参加校内各种活动和社会实践活动第二课堂，组织大学生参观革命纪念馆，增强对中国特色社会主义的道路自信、理论自信、制度自信、文化自信。通过理论与实践的不断结合，逐渐丰富自己的知识，为走上社会打牢基础。对于高校来讲，要针对大学生心理和身心成长要求，在注重课堂教学的同时，组织好各种选修课和讲座，并邀请专家学者深入讲授广大学生普遍关心的一些问题，丰富学生的知识面。在课堂之外，则由班级、院和学校的相关部门，多组织一些能引起学生兴趣爱好的各种课外活动，使学生乐于参与其中并培养做成一件事的团队精神，同时也可让学生自己的兴趣爱好得到深层次的挖掘，充分发挥自己的价值。对于家长和社会来说，则要支持学校组织的对学生的各种教育，把对学生的定位要求同学校的各种教育很好地联系起来，不另搞一套，也不放任不管，更不能向学生灌输社会上一些不健康的思想文化和违反社会道德规范的行为准则。学校、家长、社会相互配合，通过校内外各种有针对性的思想政治教育活动，使广大青年学生走好他们成长中的每一步。

（五）科学性——根本方向和出路

1. 指导思想要科学

指导思想受制于党的政治路线、思想路线和组织路线，这些路线错了，思想政治教育的指导思想肯定也是错误的。高校思想政治教育坚持以马克思列宁主义、毛泽东思想、邓小平理论、"三个代表"重要思想、科学发展观和习近平新时代中国特色社会主义思想为指导，全面落实党的教育方针，以理想信念教育为核心，以爱国主义教育为重点，以思想道德建设为基础，以大学生全面发展为目标，解放思想、实事求是、与时俱进、求真务实，坚持以人为本，贴近实际、贴近生活、贴近学生。

2. 内容要科学

内容的科学性体现在理论要彻底。马克思说过，理论只要彻底，就能说服人，而理论一经群众掌握，就能变为不可遏制的巨大物质力量。高校思想政治理论课作为大学生思想政治理论教育的主导，是在青年学生中树立正确的世界观、人生观、价值观的重要途径。但在现实生活中，正确的认识过程往往是很曲折的，需要在同一切谬误做斗争的过程中得以实现。思想政治教育既要注重引导大学生追求正确的"三观"，也要注意引导他们辨清各种错误思潮，与其划清界限。马克思主义理论体系是高校思想政治理论教育的主要内容，是被实践证明了的科学理论。一方面，必须始终坚持马克思主义理论的教育，随着当代马克思主义中国化成果的不断丰富和创新，高校思想政治理论教育的内容也必须随着实践的发展而不断完善，坚定大学生树立正确"三观"的信心；另一方面，面对国际国内的各种消极因素和错误思潮，必须用马克思主义的立场、观点和方法，通过科学的研究和分析，做出正确的回答和有说服力的辩驳。对一些受到不良影响的大学生，则通过摆事实、讲道理，引导他们追求真理，并使之成为青年学生内在的心理需求和自发的行动。

3. 方法要科学

在时代发展的前提下，准确把握思想政治教育的规律性，增强其实效性。高校思想政治教育是在特定的环境下，在特定的群体中进行的，不同学校在培养目标、专业方向设置上是有很大的差异的。同样，同一专业中不同年级又各有不同的特点，同一年级的不同对象的思想品德状况又不尽相同。因此，在进行思想政治教育方法的选择上都要充分考虑到这些特殊的情况。当然，从一般意义上来说，不管教育方法如何千变万化，思想教育的目标无非都是通过群体教育和个体教育、直接教育和间接教育的形式去实现的。因此，不论最后采取什么方法都应该从高校及学生的实际出发，增强效果，有针对性地进行取舍。只有这样，高校思想政治教育才会事半功倍。

第二章 新时代高校思想政治教育的内容

第一节 新时代思想政治教育的基本内容

思想政治教育的内容指的是用什么样的政治思想、世界观和道德规范去教育培养年青一代的问题，它是一定社会思想政治教育目标的体现和具体化。只有通过与思想政治教育目标相适应的思想政治教育内容的教育，思想政治教育目标才能落到实处并得以实现，高等学校思想政治教育内容应当是中学内容的深化和延伸，当前大学生思想政治教育的内容应涵盖以下五个方面：思想教育、政治教育、道德教育、法纪教育、心理教育。这五个方面的区分只是各自作用、层次不同，在其内涵特别在实际操作中是不能完全分离的，它们是相互影响、相互渗透、相互作用的。思想教育在整个思想政治教育内容中起着导向的作用，为其他内容提供世界观、方法论的基础，对政治教育、道德教育、法纪教育以及心理教育实施起着直接的指导和促进作用。政治教育是思想政治教育内容体系中的根本性内容，它决定着思想政治教育内容的性质和方向，制约和影响着其他方面的内容。道德教育要受思想教育、政治教育的制约和影响，但它作为思想政治教育中最基础层次的部分，实质上是思想政治教育内容的核心，在思想政治教育中起着奠基的作用，对于坚定政治教育、思想教育、法纪教育的效果具有十分重要的作用。法纪教育是大学生思想政治教育内容的重要组成部分，它通过把法律、纪律等外部的硬性规范内化为教育对象的内在素质，从而为思想政治教育内容的实施、目标的实现提供保障。心理教育是大学生思想政治教育的基础性内容，它通过对教育对象良好心理素质的培养，为其他方面的教育提供赖以实施的基础和平台。

一、思想认识教育

我国大学生的思想教育应包括以下内容：世界观、人生观和价值观教育，集体主义与团队精神教育，学风校风教育，社会主义核心价值观教育，生态文明教育，等等。世界观是人们对世界的基本看法和观点。我国大学生世界观教育是指无产阶级世界观教育，其根本内容如下：教育学生懂得辩证唯物主义的基本原理，培养他们从实际出发、尊重客观规律、实事求是的精神；懂得实践是认识的源泉，是检验真理的唯一标准；培养他们研究新情况、探索新问题，坚持真理，修正错误的精神；教育学生树立唯物辩证法的基本观点，学会全面地、发展地看问题；学会具体问题具体分析，善于分析矛盾和解决矛盾；克服片面地、孤立地、静止地看问题的思想方法；教育学生树立历史唯物主义的观点，使其认识社会发展的必然规律；懂得资本主义社会必然为社会主义所代替，社会主义社会最后必然发展为共产主义社会，要使他们认识人民群众是历史的创造者，树立群众观念和为人民服务的思想；进行科学无神论教育，不追求不可证伪虚无缥缈的东西，以及破除和肃清封建迷信思想。

人生观是世界观的一个重要组成部分，受到世界观的制约，人生观主要是通过人生目的、人生态度和人生价值三个方面体现出来的，我国大学生人生观教育是指共产主义人生观教育。它是无产阶级的科学的人生观。它把人的生命活动历程看作认识和改造客观世界的过程，把消灭资本主义，实现共产主义，为绝大多数人谋利益，看作人生的崇高目的和最大幸福，无产阶级人生观的特点是集体主义，一切为了无产阶级和人民群众的集体利益，把大公无私、舍己为人、全心全意为人民服务视为人生的根本意义和价值，把实现社会主义和共产主义理想视为人生最高的目标。价值观是指个人对客观事物（包括人、物、事）及对自己的行为结果的意义、作用、效果和重要性的总体评价，是对什么是好的、应该的总看法，是推动并指引一个人采取决定和行动的原则、标准。它使人的行为带有稳定的倾向性。价值观是人用于区别好坏、分辨是非及其重要性的心理倾向体系。我国大学生价值观教育是指社会主义价值观教育。它与社会主义制度相适应，以为人民服务为核心，以集体主义为原则，大力倡导集体主义和对国家对人民的奉献精神。人生的价值和意义在于对社会所尽的责任和所做的贡献，人生的最大价值和意义，在于努力为人民服务，无私地把自己的一切精力贡献给共产主义事业。注重对当代大学生集体主义与团队精神教育、学风校风教育。当前大学生应重点学习和践行"富强、民主、文明、和谐，自由、平等、公正、法治，爱国、敬业、诚信、友善"的社会主义核心价值观，树立尊重自然、顺应自然、保护自然的生态文明理念。

二、政治意识教育

政治教育内容包括马克思主义基本理论教育、中国特色社会主义理论体系教育、爱国主义教育、党团基本知识教育、形势与政策教育。马克思主义基本理论教育是大学生政治教育最关键、最核心的内容。它紧密结合时代发展，帮助学生学习和掌握马克思主义的基本立场、观点和方法，学习和掌握马克思主义中国化的理论成果。加强爱国主义教育，对自己国家与民族的认同，这是每个大学生应具备的最基本的公民意识和品质，了解中国基本国情，树立和弘扬以爱国主义为核心的团结统一、爱好和平、勤劳勇敢、自强不息的伟大民族精神。培养共产主义事业新一代的接班人，应加强党的基本知识、共青团基本知识的教育，切实地对大学生进行形势与政策的教育，使他们了解社会主义建设的伟大成就和困难，以便认清形势，明确奋斗目标，增强前进的信心，更好地团结在党中央的周围。

三、道德教育

道德教育是关键性教育，不仅涉及个人与他人的关系，而且涉及个人与社会、个人与国家、个人与自然环境的关系。培养道德素质，加强对大学生的思想政治教育，是社会主义精神文明建设的基础工程，直接关系国家未来的面貌。自改革开放以来，社会生活各领域都发生了深刻的变化。利益关系、文化思想、价值观念呈现多元化，这些对大学生的道德品质形成影响很大。拜金主义、实用主义、自我本位、极端个人主义、享乐主义对大学生有较大的影响。面对新时代挑战，我们既要加强主旋律教育，又要更新内容，力求收到实效。我国大学生道德教育的主要内容如下：

（一）加强原则和道德规范教育

深入扎实地开展以为人民服务为核心、以集体主义为原则、以诚实守信为重点的社会主义道德建设，引导大学生遵守道德规范，提高道德素质，使新一代大学生能够在社会生活中自觉用社会主义的道德规范来指导和约束自己的行为。

（二）进行劳动与职业规范教育

使社会主义思想道德体系与社会主义市场经济相适应，与社会主义法律规范相协调，与中华民族传统美德相承接。大学生毕业后从事一定社会职业，能否胜任岗位工作，既要看他的专业知识和技能，又要看他对待工作的态度和责任心。有些大学生缺乏对工作的责任感，不安心本职工作，眼高手低，不愿做具体的工作，特别缺乏吃苦耐劳的精神。因此，我们应加大对大学生的劳动观念和就业指导，培养他们树立正确的劳动观念、敬业精神。社会主义市场经济，要求社会成员具有科学、民主、团结、自立、竞争、效益、法制、求实等思想道德观念，它要求社会成员在兼顾个人利益的情况下以国家利益和集体利益为重，培养大学生权利与义务相统一的公民意识，引导他们正确处理好竞争与协作、自主与监督、效益与公平、先富与共富、经济效益与社会效益的关系，反对见利忘义、唯利是图。另外，加强社会公德、职业道德、家庭美德、环境道德教育。倡导"爱国守法、明礼诚信、团结友善、勤俭自强、敬业奉献"的基本道德规范，引导人们在遵守基本行为准则的基础上，追求更高的思想道德目标。

四、法纪教育

大学生是 21 世纪社会主义事业的建设者和接班人，他们的法纪观念和公民意识如何，直接关系我国的社会发展和中华民族的崛起。人的观念、意识的形成发展与巩固要靠教育的内化。我们要培养和教育大学生增强自身的法纪观念和公民意识，使之"知法""守法""护法"，着重加强以下五个方面的教育：马克思主义法律观，法治思维、法治信仰，法律基础知识及守法、用法、护法，社会主义民主与集中，纪律与规章制度。

五、心理教育

大学是一个竞争非常激烈的环境，而对于年龄在十七八岁到二十二三岁的大学生来说，其心理发展正处在从幼稚走向成熟的过渡时期，情绪不稳定，易产生心理矛盾，面临许多压力和心理冲突，及时正确化解这些心理矛盾和压力是大学生健康成长的关键，关系到我们能否培养出高素质的社会主义事业的建设者和接班人。心理健康教育应包括以下面：身心健康的基本知识；预防心理疾病教育，如心理卫生知识教育、心理疾病的预防教育等；心理调适能力培养与训练，如开展挫折教育等；创新精神和竞争观念的培养。在心理健康教育中，对大学生要着重进行创新精神和竞争观念的培养。

第二节　新时代思想政治教育的工作机制

一、高校思想政治教育协同育人的必要性

对高校的思想政治协同育人情况进行分析和研究，第一个要解决的问题就是了解协同的意义和价值，这是在当前的时代背景下，为了满足现实需要所做的必然之举。同时，需要重点研究实现协同的可行性，分析两者之间存在的关系，找出其中的内部关联，为高校进行协同育人打下坚实的基础。

（一）协同育人的紧迫感（重要性）

在当前的时代背景下，高校进行思想政治协同育人教育可谓是大势所趋。第一，当前的现实情况给高校教育带来了很多新的机遇和挑战，而协同育人则可以很好地迎接机遇、接受挑战；第二，从问题导向的角度来看，现阶段大学生思想政治教育其实存在很多问题，需要通过协同创新的方式加以解决；第三，从未来发展趋势来看，协同育人可以有效地推

动高校思想政治教育工作迈上一个新的台阶。

1. 从全球视野中把握民族复兴新使命

现今的国际形势可谓是瞬息万变，每个国家都和其他国家之间有着密切的联系，所以，大学生思想政治教育工作所面临的可变因素非常多。随着国际交流的逐渐增多，国际上的不稳定因素也会带来不小的影响。现在的中国是国力日渐昌盛的中国，在国际社会上也有了更多的话语权，这也极大地改变了西方国家对我国的看法。很多敌对势力试图通过"和平演变"的方式对我国的政权进行颠覆，希望离散我国的人心，达到分裂国家的企图。所以，他们充分利用网络优势，将一些反党反社会主义的信息传递给心智尚不成熟的年轻人，让他们感觉到现实社会一片颓废，没有希望，最终也没有了前进的勇气和进步的信心。我国高校之所以要开展大学生思想政治教育工作，就是要与这些居心叵测的敌对势力做正面的斗争，这是一项关乎国家安全和民族兴旺的重大事业。大学生思想政治教育工作所肩负的民族兴盛的重大使命，不管在理论教学还是实践教育中都是如此，让大学生认识到自身所担负的历史使命，积极学习，端正态度，能够在纷繁复杂的现实情况中坚定立场，不会因为任何颠覆行为的存在而迷失本心。

2. 从历史方位中建立立德树人新任务

我国在政治经济文化领域都取得了突出的成绩，社会主义中国进入全新的发展时期。在这个至关重要的历史节点上，摆在我们面前的艰巨任务有很多，这都需要足够的优秀人才来实现。高校大学生是社会主义未来的接班人，他们只有具备了全面而综合的素质，今后才能担负起建设社会主义的重任。所以，高校要重视对大学生开展思想政治教育工作，坚定不移地"立德树人"，从本质上讲，高校开展教育的主要目的就是为社会培养德、智、体、美、劳全面发展的综合型人才。所以，高校应该审时度势，站在国家和民族的历史高位上开展教育工作，以协同育人的方式提升大学生的知识水平和道德修养，保质保量地完成时代赋予的使命。高校开展协同育人其作用主要体现在两个方面：一是提升学生的专业能力；二是帮助学生树立正确的"三观"，这是符合时代发展趋势的必然之举，也是实现立德树人目标的重要举措。

3. 从技术迭代中把握育人方式新变化

来自科学技术领域的创新会给人类社会的发展带来无穷的动力，人类文明层次的提升都是科学技术在起作用。现阶段，信息网络化获得了长足的发展，也给人们的工作和生活带来了很大的变化。可以说，信息网络化是改变世界的重要力量，所以，大学生开展思想政治教育也要顺应时代发展潮流，及时调整自身的发展目标和具体教育方法。

第一，互联网有着传播快捷便利的优势，如果将其引入大学生思想政治教育工作中，可以起到事半功倍的效果，对当前的教育资源进行丰富，改善当前的教育方法，有利于实现教学创新。随着多媒体技术的引用，原本照本宣科的课堂就会增加很多视频和音频材料，还会出现网络课堂、微课等，这都是对课堂内容的极大丰富与完善。网络技术的发展极大地影响着教育方式的转变，尤其是在不宜集中线下授课的情况下，线上教学的优势也就得以凸显。

第二，我们也应该意识到互联网所带来的负面影响。在网络上充斥着良莠不齐的信息，大学生每天所能接收到的信息不计其数，他们不可能对此一一进行判断，有些只是了解个大概，还有一些会出现理解错误。为了改善这样的情况，我们需要对当前的教育方式进行合理调整，通过线上和线下课堂相结合的方式，掌握学生的思想动态，从他们的实际需求出发，通过慕课、微课等方式，提升他们的认知能力，让思想政治教育润物细无声，对大学生产生积极的影响。

4.从个体发展中把握成长成才新内涵

对于广大高校而言，到底应该为国家和社会培养什么样的人才是首先需要解答的问题。毫无疑问，高校的主要作用就是进行人才培养，不过具体的培养方式却不是之前的"填鸭式教育"，应该从学生的实际情况和具体特点出发，突出学生在教学过程中的主体地位，将其学习积极性充分激发出来，让其以主动的态度来接受思想政治教育。大学生处于思想最为活跃的时期，他们对新生事物非常感兴趣，也希望能够更好地表达自己，这些特点是和传统大学生不同的，所以如果沿用传统方式对他们进行教育，他们显然不能适应。再有，在外部环境急剧变化的今天，有些大学生或多或少地存在着一些心理上的问题，他们或者没有很强的社会责任感，或者心理承受能力低下，或者崇拜金钱等，这都是需要立即进行解决的重要问题。所以在新的历史时期，高校应该积极把握大学生的思想动态，满足他们的个性化需求，对大学生思想政治教育的内涵进行扩大与丰富，为国家和社会培养出德、智、体、美、劳全面发展的优秀人才。

（二）当前思想政治教育亟须加强协同创新

在大学生思想政治教育发展过程中，怎样对当前的工作机制进行合理优化，将协同育人的合力充分发挥出来，已经是新的历史时期摆在思想政治教育工作中的首要问题。

1.高校扩招叠加对教育教学质量递增压力

近年来，我国高校一直在进行扩招，这项政策推出的主要目的就是希望让更多的青少年可以获得走入大学的机会，提升国民教育的公平性，将高等教育的福利提供给更多的家庭和年轻人，同时，在高校扩招政策的推动下，社会就业压力也会因此而缓解。我国高校的扩招从 1999 年就已经开始，这项政策的优点主要体现在以下方面：一是可以对国民的整体素质进行提升；二是为人才提供更多的创新机会；三是缓解就业压力。不过需要认识到的是，随着高校的扩招，学生数量倍增，而高校不管是教学场地、设备还是教师力量都远远跟不上发展速度，在这样的情况下，学生的学习质量也成为社会各界较为担心的一个问题。现阶段，很多高校在开展思想政治教育工作时都是一位教师身兼多职，正是因为工作压力太大，所以缺岗的情况也是时有发生，想要凭借几个人的力量完成整个高校的思想政治教育工作显然并不现实。因此，需要对当前的教育资源进行系统整合与配置，优化教学结构，实现各个队伍之间的密切配合，才能在有限的教育资源背景下更好地完成思想政治教育工作。

2. 高度职能化分工须借助协同力量实现效率飞跃

在具体的管理方面，高校所奉行的主要是精细化管理，需要对思想政治教育工作领域进行全面覆盖，只有这样，最终的教学质量才能有所保证，也能够为学生提供更加细致入微的服务。不过这个举措也不是完美无缺的，第一，在实践中，很多部门因此而产生了隔阂，工作效率不升反降；第二，大学生思想政治教育工作涉及很多内容，复杂性极强，不能将其简单地划归为某一个单位的工作，比如，如果需要解决学生的心理问题，就要将多个部门联合起来，如心理咨询部、后勤部、学院部等都会涉及，大家通力合作，针对学生的问题查找原因、采取措施，并跟进后续的反馈结果，只有这样，学生的心理健康问题才能得到有效解决；第三，在实施了精细化管理之后，有些高校把这项工作主要分配给了思政课教师和高校辅导员，不过协同育人所强调的就是全员参与，如果为了精细化管理而精细化管理，那么可能会适得其反，有些部门冗员过多，大家都看起来很忙，其实真正落实工作的人并不多。如果深究原因所在，可能还是组织结构存在问题延误了信息的传递，阻碍了工作效率的提升。

3. 两支队伍的体制藩篱须提升协同融合增效作用

从工作职能上看，高校辅导员和思想政治理论课教师可以说是各司其职，不过也不能因此就认为这两个岗位之间一点关系也没有，准确地说，两者之间应该属于同向同行的关系，最终可以实现协同效应。在大学生思想政治教育工作中，辅导员和思政课教师其实是相互配合的两支力量，不过在实际的教学过程中却并不非如此，两者之间的沟通与交流非常少，工作不能配合。所以，要想真正意义上实现协同育人，就要在两者之间建立必要的联系。第一，加强两者之间的协同，这对课堂教学和日常管理都大有裨益。思政课教师可以参考学生的日常表现开展教学，这样教学的针对性就强，而辅导员也可以根据学生的理论学习程度进行有侧重点的日常管理，帮助学生查漏补缺。第二，思政教育工作涉及的内容和要素很多，所以需要对其中的细节进行通盘管理，加强内部联系。其实在实际教学过程中，很多教育工作并不是泾渭分明的，重叠情况时有发生，而协同育人的作用就是消除这些不必要的重叠，实现资源优化配置，积极提升教学效率。

（三）协同育人有利于促进大学生思想政治教育发展

高校开展思想政治教育工作是关乎国计民生的重大事宜，可以为中华民族的伟大复兴输送更多优秀人才。协同育人已经成为时代发展的大势所趋，可以升华大学生思想政治教育的现实意义。

1.强化大学生思想政治教育的实效性

协同育人为开展大学生思想政治教育工作指明了发展道路，让其目的性和针对性更强。这里提到的针对性主要指的是教育工作的开展要坚持从实际出发，结合教育对象的具体特点，教育任务的实际情况选择更为适宜的教育方法。换句话说，要保证思想政治教育工作的针对性，就要对这项工作的开展规模进行准确把握，同时兼顾学生的实际情况和成长规律。对大学生来说，他们接受思想政治教育主要是通过上课的方式，而思想政治理论课则可以帮助大学生解决很多理论上的问题，将这门课程视为在高校开展思想政治教育的主阵地一点都不为过，在学习的过程中，大学生可以提升自己的认知，解决各种学习和生活中的问题。在做到了理论联系实际，实现了课堂内容和日常思想政治教育的有机融合之后，大学生遇到的很多现实问题都能得到妥善解决，他们的成长会更加顺利，而思想政治教育才能有的放矢，思想政治教育工作才会真正意义上落到实处，发挥应有的作用。

进行思想政治理论教育就是在马克思主义理论的指引下，帮助大学生将各种社会意识内化于心，同时外化于行，真正意义上用理论来指导实践。在这个过程中，主要是对三种关系进行合理协调：第一种是理论的彻底性；第二种是大学生的主体选择性；第三种是外部环境的复杂性。众所周知，检验真理的唯一方法就是通过实践，而要想验证一个理论是否具有彻底性，同样也要将其放置在实践中加以检验。思想政治教育工作主要针对的，不是处在某种虚幻的离群索居和固定不变状态中的人，而是处在现实的、可以通过经验观察到的、在一定条件下进行的发展过程中的人。所以，围绕大学生展开的思想政治教育工作在帮助大学生解决来自思想认知方面的问题之外，还要坚持从实际出发，对大学生学习和生活中遇到的问题进行解决。从这个角度来说，开展思想政治教育工作的针对性就非常明显了，那就是引导大学生从课堂走入社会，从书本走入生活，从理论走入实践，通过以学养人的方法更好地实现知行合一。

2.增强大学生思想政治教育的协同效应

协同育人可以激发出思想政治教育所具有的协同效应。所谓协同效应，指的就是多个因素在相互配合的过程中积极发挥作用，最终达到整体增强的发展目的。具体地说，大学生思想政治教育工作主要包括两方面内容：一是理论课程；二是日常教育。两者相互支撑、互为补充，如果想要顺利推进大学生思想政治教育工作的开展，就要将两者有效地融合在一起，让其相互支撑、共同进步，这样才能达到全方位育人的良好效果。

在大学生思想政治教育过程中，理论课程可以说是教育开展的主渠道，其发挥的作用至关重要，正是因为设立了理论课程，思想政治教育工作才能推进得有条不紊。从最近几年的发展情况来看，随着教育改革的不断推进，思想政治理论课建设工作也取得了很多成效。客观来讲，这是一个包罗万象的大系统，其中涉及的要素纷繁多样。因此，我们在关注这个主渠道的同时，也不能放松其他渠道，只有将主阵地、多渠道的作用都发挥出来，思想政治教育工作的开展才会更加顺利。假如让理论课堂承担所有的教育任务，那么主阵地的压力就会空前增大，思想政治教育的开展就不能完成全方位的覆盖，其影响力会逐渐削弱，最终的教育效果也将不尽如人意。其实，思想政治教育属于社会实践的范畴，在我国的各个领域，思想政治教育都在潜移默化地发挥作用。所以，开展大学生思想政治教育工作有着广泛的社会基础，教育主体多样。当然，高校教师是其中当之无愧的主力，不过高校辅导员、党组织成员甚至是学生的父母也都是这项教育工作的主体。如果各项条件具备，还会有更多的人在这项工作中作为主体出现，帮助大学生解答学习和生活中的疑惑，为他们传道授业。另外，大学生思想政治教育活动的社会性也非常明显。不管是在学习还是生活中，大学生的一言一行都会受到道德规范的约束。日常生活看似随意，其实是大学生非常重要的生活场域，他们的很多思想品德都是在日常生活中逐步形成的。高校在开展思想政治教育时也应该对大学生的现实生活进行认真审视，选择最为适宜的切入点。随着网络时代的发展，大学生早已熟悉了新媒体。所以，高校也应该对网络予以足够重视，通过先进的技术手段积极开展网络思想政治教育。

总体而言，大学生思想政治教育工作具有较强的复杂性，要想将这项工作做好，需要将系统中各项因素的积极作用都充分发挥出来，实现专业课程和日常教育的协同发展，运用创新思维和理念打造更为完善的教育格局。

3.确保大学生思想政治教育目标的完整性

协同育人可以保证对大学生思想政治教育工作目标的完整性。高校针对大学生开展思想政治教育工作，其实就是在教给学生应该如何成为一个合格的社会主义接班人。每个个体都是知行合一的整体，也兼具了德、智、体、美、劳等各项特点。虽然在思想政治理论课和日常教育中存在很多差异，不过其根本目的都是立德树人，帮助大学生提升综合素质，所以要将两者有机融合在一起，这可以为顺利达到大学生思想政治教育目的的打下坚实的基础。

马克思曾经说过，人的全面发展主要指的是人以一种全面的方式，就是说，作为一个完整的人，占有自己的全面的本质。任何人都身处于社会当中，社会就是由一个一个的人共同组成的。从本质上说，人就是"在其现实性上，它是一切社会关系的总和"，人不管是生存还是发展都和社会息息相关，而社会的发展也离不开人在其中所起的作用。所以，人的全面发展指的是充分发挥他们的主观能动性，丰富其社会关系，让其技能与品质可以同步发展，为社会进步做出更大的贡献。

高校开展思想政治教育工作需要"不断提高学生思想水平、政治觉悟、道德品质、文化素养，让学生成为德才兼备、全面发展的人才"。所以，高校要坚持立德树人，将理论课程和日常教育紧密联系在一起，将两者的优势都充分发挥出来，积极提升学生的思想道德和修养水平，让其可以实现知识与能力的同步提升，进而实现全面发展。

二、思想政治教育协同育人的可行性

高校之所以可以实现思想政治教育协同育人，主要是因为两者在这个系统中都发挥着积极作用，内在联系非常紧密。正是因为存在千丝万缕的联系，两者才更有可能实现协同。

（一）高校思想政治教育协同育人同质性

高校思想政治教育协同育人在高校思想政治教育工作中所起到的作用举足轻重，关于这一点，其重要性不仅体现在理论研究上，在实践中重要性也是一样的。从这个角度来讲，两者具有一致的归属性。其实，高校思想政治教育体系非常复杂，而且还处于动态发展的过程当中，整体体系时而有序、时而无序，正是因为两者之间存在转化关系，所以体系协同才更具可能性。如果将大学生思想政治教育视为一个整体，那么这个体系就有着明确的发展目标，有需要完成的任务，也会涉及明确的教育内容与方法，这些要素相互作用，共同构成了完整的教育体系。从宏观层面来说，该系统属于高等教育系统中的一个子系统，所以不管是目标设定还是实现各项功能，都必须严格按照高等教育的系统要求来执行。从自身发展来看，该体系内部也是错综复杂的，涉及的教育内容应有尽有，不管是世界观、法治观还是道德观都是其中的重要内容。然而，机制运行需要人力物力等资源进行配合，同时管理学、心理学的理论也会在其中发挥作用。在大学生思想政治教育体系中，协同育人是其中非常重要的子系统，在工作开展过程中，两者也各自有着自己的体系与发展规律。

同时需要注意的是，大学生思想政治教育其实和其他教育系统之间的关系也非常密切，比如党政系统、科研系统等。正是因为这些要素纷繁多样，所以大学生思想政治教育系统的复杂性才非常之强。

而且，该系统不管是主渠道还是主阵地，它们各自的系统都有着明显的特点，比如动态开放性、整体性等。正是因为有这些具体属性，大学生思想政治教育工作才能顺应社会迅速变化的需要，积极调整自身结构，优化教学方法，在新的历史时期更好地满足学生的实际需求。另外，因为系统开放性的存在，所以高校开展思想政治教育工作需要保持和外界的密切联系，及时对子系统的功能进行合理调整，为后续的发展打下坚实的基础。所以，要讨论协同育人这个主题，就要将其放置在大学生思想政治教育的复杂体系中进行全盘考虑，这样才能满足系统论的相关要求，才能更好地完成对系统要素的优化配置，实现系统内部的平衡与协调。在本文当中，协同育人的主体有两个：一是思政课教师；二是高校辅导员。他们都需要重视对信息的收集，要把握时事发展的趋势，要将自己的所学所想传授给学生，正确规范学生的言行，对他们的思想进行合理引导。只有经过谆谆教导，学生才可以更好地接受这些信息，并将这些内容转化为自己的知识，用以指导实践。从这里可以看出，正是因为思想政治教育工作非常复杂，协同育人才更有可行性。所以需要对系统中涉及的要素进行系统整合，将其整体效应充分发挥出来，最终形成强大的教育合力，才能在高校中打造更为完善与科学的育人格局。

（二）高校思想政治教育协同育人互补性

所谓协同指的是各种要素相互作用，最终在共性和个性方面达成了统一的关系。要想实现协同，前提和基础就是对各要素之间的关系进行协调。高校开展思想政治教育工作也是如此，专业课和思想政治教育课不管是在体系中还是工作中都存在千丝万缕的联系，只有实现组织结构的优化，协同工作才能推进得有条不紊。两者是辩证统一的关系，是落实协同策略的重中之重。体现在具体工作中，协同育人工作在教育目标、具体内容、实际方法等多个方面都存在紧密的联系。

1. 工作目标的一致性

任何行为的推进都是以工作目标为指引，这里提到的工作目标是开展工作所要实现的结果。具体到高校思想政治教育方面，其根本目标就是立德树人，其中又会细化出很多和思想政治教育有关的分支目标。在高校开展思想政治教育工作就是为了帮助学生实现理论和实践的统一，将学习和实践有机结合起来。高校不管是开展日常教育工作，还是进行服务管理，都要紧紧围绕立德树人这个中心目标来展开，要坚定不移地坚持社会主义核心价值观，积极为社会输送全面发展、综合素质较高的合格人才，让其在社会主义建设中可以发挥出中流砥柱的作用。从这个角度来讲，思想政治理论课其实和日常思想政治教育异曲同工，两者有着相同的目标和发展方向，是对立德树人宗旨的直观体现，开展教育工作的目标就是培养全面发展的时代新人。详细来分析，高校在对学生进行马克思主义教育时，通常会选择从思想政治理论课入手，这是一项专业性很强的教学任务，可以提升学生的政治素养和道德水平，带领他们更加全面地认识世界，同时赋予他们理论联系实际的能力，更好地改造世界，这种教育符合我国当前经济社会发展的客观规律，是与人才发展战略相协调的教育理念。另外，思想政治教育还要承担起实践育人的艰巨责任。具体的教育工作开展可以通过党团活动、心理咨询、班风建设等工作来实施，这些活动可能存在些许差距，不过其根本目的都是带领青少年向更好的方向发展，其中的关键点就是实现思想政治教育和理论课程的有机融合，让两者可以协同发展，如果在这个过程中任何一个环节出现问题，都会给高校思想政治教育协同育人工作的开展带来阻力，而育人工作的目标也就难以落实。

2. 教育过程的融通性

高校开展思想政治教育工作的形式多种多样，可以在课堂之上，也可以在实践当中；可以实施线上交流，也可以通过线下互动来完成。不管是虚拟慕课还是现场教学都能达到类似的教育效果，学生可以在潜移默化的学习中得到深刻的领悟。具体的学习内容也非常丰富，学生在这个过程中可以学到系统的理论知识，也能获得道德修养方面的提升。总体而言，整个教育过程中每个环节之间都有着密切的关联，融通性很强，而且可以随着时间的推移和空间的变化而延展。高校思想政治教育工作的开展涉及育人过程的方方面面。第一，在课堂教学方面，可以帮助大学生树立正确的"三观"，这样他们在今后的道路上可以具备明辨是非的能力，不会因为纷纷乱世而迷茫，走上错误的道路；第二，在日常教育过程中，学校可以创造条件多进行活动建设，为合理开展育人教育打造多个平台，这样就可以帮助学生更好地理论联系实际，让其在成长中有所领悟。其实在育人过程中，主渠道和主阵地之间一直存在着密切的关联。如果没有理论教学，那么开展实践活动也就没有了可以依托的准则。同理，如果实践环节缺失，那么学生就无法对枯燥的理论有深刻的理解，他们也就不能更好地学以致用。正所谓"知行合一"，只有将"知"和"行"有机统一起来，协同育人的作用才能得以充分发挥，两者之间的互补作用才能得以体现，这是符合新时代发展理念和要求的新的教学尝试。

3. 教育内容的衔接性

在具体的教学内容上，高校开展思想政治教育必然会有所侧重。理论课程的开设主要是进行理论宣导、思想教育，帮助学生树立正确的世界观、人生观和价值观，形成法治理念，获得道德修养方面的全面提升。然而，日常思想政治教育则是从培养学生生活习惯、实践能力等方面入手。虽然两者之间存在明显的差异，不过其中的关联性更强。首先，理论可以对实践起到指导作用，如果对理论灌输太过重视，而将提升学生的实践能力置之不理，那么理论课的作用也无法发挥出来。而且，因为不能达到学以致用的效果，学生也不会对理论课程产生浓厚的兴趣。久而久之，他们可能还会对这门课程心生厌倦。其次，如果在理论上有所差别，那么具体到实践过程中，这个偏差可能会被无限放大。如果大学生在开展活动时没有正确的理论加以引导，他们的实践活动就会失去方向，最终也会迷茫不知所措。例如，学生都有一颗爱国心，但是到底应该怎样去爱国呢？这个问题如果不能明确，那么学生的实际爱国行为就可能走向极端，他们可能会偏听偏信，最终可能虽然心里爱国却做出害国的行为。所以在具体的教学过程中，高校应该秉持协同育人的理念不动摇，积极加强教学内容之间的联系，做到有所侧重，同时可以协同发展。坚持理论联系实际，从学生的具体特点出发调整教学方法，帮助他们解决学习和生活中遇到的各种思想问题，纠正他们的思想偏差，这样课程的现实价值才能体现出来，实现马克思主义理论和日常生活的有机联系，将高高在上的理论知识落实到生活的细微之处。学生在进行日常实践时必须有理论加以引导，不管是进行校园文化建设还是进行党团活动，理论的引导作用都不能忽视。只有这样，理论联系实际的现实意义才能呈现出倍增的效果，而在这个过程中，理论学习的内容得到巩固和加强，协同育人的效果才能得以升华。

4. 工作方法的借鉴性

高校思想政治教育协同育人的工作重心放在育人上，所以在具体工作方法的选择上，可以相互借鉴、互为补充。实现目标的道路有很多，最重要的评价标准就是能否管用。只要能够坚定不移地践行"立德树人"，只要选择的方法具有足够的科学性，就应该将其积极应用到教学实践过程当中。随着网络信息的普及，现代大学生有了更多的渠道可以接触到更多的信息和知识，所以教学方法也应该与时俱进，符合学生的学习习惯，以学生更能接受的授课语言和方法提升他们的学习积极性。而且，在平时思想政治教育工作开展时也应该学习理论育人的优点，不能对传统讲授彻底摒弃，要增加活动的思想性和厚重性。通过这样的方法，高校管理队伍的学术高度也能得以提升，学生会对高校教师更加尊重，和教师之间的关系也就更加融洽。其实，思想政治理论课在工作方法上可以归结为八个字，那就是"晓之以理、动之以情"。要让大学生通过学习更加明事理、懂道理，这也是一种将授业与说理有机融合的方法。在具体的教学工作中，教师可以为学生讲各种故事、为他们播放 PPT，这样的方法在效果上显然比枯燥的说教要强，能够达到以情动人的目的。日常思想政治教育工作比较严肃，而大学生又正值人生中最为活跃的阶段。所以，日常学术工作的开展一定要注意严肃性与正式性，假如没有纪律约束，那么活动的效果可能就无法达到。另外，高校教师要针对学生的盲目攀比、玩游戏没有节制等问题进行劝导，不能让学生在不正确的道路上越走越远。客观来讲，上述工作方法对高校思想政治教育协同育人工作来讲只是刚刚开始，这是一份具有复杂性的工作，只凭借一种工作方法显然无法达到效果，所以要采取多种方法进行引导。只有多措并举，育人工作才能卓有成效。

三、高校学生思政教育工作的机制创新路径研究

（一）重视社团活动中的内涵融入

辅导员在开展高校学生思政教育时，要注重把工作开展到学生的社团活动之中，真正把思政的内涵融入其中。对于大学生来说，除了学业和科研任务外，更多的学生会选择广泛参与一些社团活动，以谋求自己的全方位进步发展，这些社团活动往往也是由辅导员进行监督管理的，所以辅导员可以把思政教育融入其中，以先进的思想去引领现有的社团活动，帮助学生在进行活动时去理解思政思想，使得这项工作更加卓有成效。在社团活动进行内涵融入的过程中，辅导员往往有以下两种选择：开展相应主题活动，或者是在活动中进行主题教育和总结。

对于前者活动来说，辅导员可以某一专题或者以大思政为背景，举办一系列主题活动，让学生能够在主题活动的参与中去感受思政文化的魅力。比如，辅导员可以组织学生举办党史党规知识竞赛，可以提前为学生准备大题库或者划定出题范围，学生在参加活动之前，往往要进行及时的学习和背诵，这样一来，学生不仅能够对党的知识进行加深巩固，还能够通过参与知识竞赛的方式加强对其内涵的理解，而这也能够从更大范围上调动全体学生学习思政知识的积极性，进一步落实高校思政教育。对于后者活动来说，则可以把思政文化融入现有的社团活动中，比如，很多高校都会举办电影配音大赛这项活动，把电影配音大赛和思政教育相结合的话，则可以开展红色电影配音大赛，让学生选取一些经典的红色电影为其配音，能够帮助参与者和观看者进一步加深对红色精神的理解，从而使思政知识在今天焕发新的生机和活力，通过红色电影配音活动的开展，也能够在一定范围内掀起重温红色经典的小浪潮，能够让更多的学生主动学习红色知识，这对辅导员所开展的该项工作也能够起到极大的帮助。所以，辅导员在开展思政教育的教学过程中，要充分利用好社团活动这个载体，真正把思政的内涵融入其中，让学生能够在参与日常活动的时候感受思政的魅力，也能让思政教育更具创新性的活力。

（二）搭建高质量互联网教学平台

在开展高校学生思政教育时，辅导员还要给予网络教学平台足够的重视，真正搭建起高质量的互联网教学平台。从各大高校现有的教学体系来看，对于学生的教学主要分为两个部分，课堂教学和网络教学，并且随着现代化教育理念的逐渐深入，网络教学的比重也日益呈现上升趋势，所以辅导员要抓住高校互联网平台使用的契机，进一步搭建高质量的网络教学平台，让学生能够通过网络平台学习新时代思政知识。通过网络平台开展思政教学并不是什么新鲜事和难事，辅导员在建设这一平台时，要注重如何进一步发挥网络平台的教学功效，要让网络教学真正能够落到实处，这就需要辅导员从学生主体出发，不断创新平台中的内容和形式，真正实现思政育人的理想目标。

教师在利用网络平台开展思政教育时，首先要对主体有所明确，这个平台是为了学生学习思政知识所准备的，而且对于大学生来说，他们对于知识的学习往往不满足于简单知识的堆砌，更需要从深度和广度上对思政知识有所了解，那么辅导员应当积极同马克思主义学院的思政课教师沟通，并且还要同该学院的专业教师交流，辅导员要做二者之间的纽带，充分把专业知识同思政知识融合起来，并且要在深度和广度上进行一定的拓展，只有在这种标准上建设的知识网络平台，才能够真正对学生产生吸引力，让学生进行主动学习。在网络平台建设的同时，辅导员也要多和学生进行沟通交流，适当进行问卷调查，看看学生对思政中的哪些内容感兴趣，是对文字形式还是视频形式更感兴趣，辅导员再根据学生的反馈进行及时调整。由于思政内涵是与时俱进的，那么教师在平台上所搭建的内容也要定期更新，只有具有新颖性和时效性的内容，才能够真正激发学生进行阅读和学习的欲望。在必要的时候，教师还可以结合上述社团活动的形式，对学生进行"检查"，以激励学生真正把思政知识学到位。

（三）构建学生自主思政教育机制

在开展高校学生思政教育的机制路径时，辅导员要充分构建学生自主思政教育机制。从教育学理论来讲，学生如果能够积极主动地学习有关知识，那么知识的学习效率将会大大提高，并且这种所学知识也更加根深蒂固。从高校现有的教学模式来看，多是由辅导员或者思政课教师为学生讲授相关内容，学生更多的是一个聆听者、学习者的身份，学生到底有没有参与到学习之中，能否真正掌握相关知识却是未知数，所以辅导员在开展思政教育建设时，要积极探索学生自主的工作机制，让学生能够自主学习思政内容。在构建学生自主思政教育机制时，积极开展学生自学会议是一个比较行之有效的模式。

在构建学生自主思政教育机制的过程中，辅导员可以建议学生定期召开政治理论学习会议，通过构建政治理论学习常态化机制，进一步落实高校学生思政教育，辅导员可以先进行时间协调，为学生选定一个定期合适的时间和地点，然后以党支部或者班级为单位，提前拟定好每周要学习的主题，再让学生进行定期、定点的政治理论学习，在学习过程中，要充分发挥学生的自主能动性，辅导员只拟定大方向的内容，对于具体的学习形式等则应该由学生自行决定，可以采取书面资料的学习，也可以进行观影式学习，还可以邀请一些思政课教师进行专题授课等。辅导员应该充分给予学生自主权利，要通过这样一系列的方式，真正调动学生内心学习的主动性，对于学生来说，这种思政教育的开展，往往能够让学生由被动接受转变为主动学习，学习的热情和效率也会大大提高，从而真正实现思政知识入脑入心。

（四）注重思政教育的反思总结

在高校学生思政教育的过程中，辅导员除了要从如何做上下功夫，更要重视结果反馈，不断提升思政教育的教学质量，从现阶段教学实践来看，很多高校在反思总结方面还存在一定的欠缺，实际上，这种反思总结工作，不仅是为了督促学生认真学习思政教育知识，更是为了让学生能够真正掌握其要领，在进行反思总结时，辅导员更多的要从学生的学习过程入手，在高校开展的一系列思政教育，其根本目的还是让学生能够提高自身政治站位，培育良好的"三观"，所以辅导员要积极帮助学生进行反思总结，从而不断加深他们对思政内涵的认知。

在反思总结的过程中，辅导员要帮助学生建立"自我反思＋集体总结"的学习模式，要鼓励学生在接受完思政教育之后，及时地进行自我反思，这一过程不仅要在脑海中进行回味，更需要落实到纸上或者互联网上，辅导员可以建立一个思政教育日记，让学生在接受日常教育之后，及时地对自己所获得的知识和形成的心得体会进行记录，帮助学生从日常进行党建思政知识的积累。同时辅导员应该以班级或党支部、团支部为单位，定期召开总结会议，结合前述的政治理论学习内容，邀请有关专家教授列席，共同帮助每一名学生了解自己的不足之处，通过集体总结的模式，探讨个体在下一步的发展路径，从而真正把思政知识贯穿自己的生活学习之中，真正学会、学懂有关理论知识。除了带领学生进行反思总结，辅导员还要对自身进行反思总结，对于前述所开展的一系列活动，辅导员也要经常进行"回头看"，及时对所开展的活动内容进行分析，对活动质量进行评价，要切实分析其中的不足之处，多和学生进行交流沟通，从而发现有关可以改进的地方，让高校所开展的思政教育更加贴合学生的实际需求。辅导员要通过不断的反思总结，不断优化现有的思政教育内容，让学生在反思总结中不断进步，让一系列活动在反思总结中真正贴合学生的需求。

综上所述，高校作为思政育人的主阵地，辅导员就是这个阵地中的先锋军，辅导员在开展高校思政教育时，要进一步进行机制创新，不断激发思政教育的最新活力，实现育人的理想目标。为此，辅导员先要从开展的各类校园活动入手，尽可能地把思政教育的核心内涵融入其中，坚持党领导各类社团活动，以新颖的载体形式呈现思政教育，同时要进行理论和实践的协同，努力搭建高质量互联网教学平台，让网络平台教学助力思政教育建设。此外，还要积极构建学生层面的思政教育机制，建立完善的反思总结机制，充分发挥学生自主学习能力，真正以高校学生思政教育为引领，带动学生思想全面进步。

第三节 新时代思想政治教育的拓展内容

一、创新教育

（一）创新教育的重要性

1. 时代发展的需求

建设创新型国家，科技是关键，人才是核心，教育是基础。我们要进一步营造创新的环境，努力造就世界一流科学家和科技领军人才，注重培养一线的创新型人才，使全社会创新智慧竞相迸发，使各个方面的创新型人才大量涌现。建设创新型国家需要创新型人才，创新型人才的培养在于高校。因而，高校思想政治教育的一项重要工作在于培养大学生的创新意识。

培育和建设高校创新文化，首先必须明确高校的使命。《中华人民共和国高等教育法》明确规定："高等教育的任务是培养具有社会责任感、创新精神和实践能力的高级专门人才，发展科学技术文化，促进社会主义现代化建设。"从这个意义上说，高校要服从于建设创新型国家的需要，就必须担负起培养创新型人才的时代责任和历史使命，这是高校创新文化的根基。

2. 高等教育改革的需求

所谓创新教育，就是指以培养人的创新精神和创新能力为基本价值取向的教育实践。其内涵是创新意识、创新思维、创新技能、创新情感和创新人格的培养。创新教育以全面提高学生的能力为根本目的，以尊重学生主体、注重开发学生的智慧潜能和促进学生形成健全的个性为根本特征。创新教育是高等教育发展的必然趋势。高等教育要培养创新型人才，关键是要培养大学生的创新精神和创新能力。传统教育重视传授理论知识，轻视实践能力的培养，阻碍了学生创新素质的发展。高校必须通过教育启发学生的创新意识，塑造学生的创新人格，锻炼学生的创新能力，营造良好的创新环境，促进知识经济时代大学生创新能力的培养，突破传统教育模式的束缚，深化高等教育改革。

3. 大学生成长成才的需求

大学生创新教育是促进大学生成长成才、实现人生价值的需要。大学生不仅要学习和掌握扎实的科学理论知识，还要有创新思维和创业意识，勇于投身社会主义现代化建设，在实践中成长成才。加强创新教育，符合大学生成长成才的需要，有利于帮助大学生树立创新精神、强化创新意识；有利于帮助大学生积累实践经验，增强实践能力，增长实践本领，为成长成才奠定扎实的基础。

（二）创新教育的途径

1. 转变教育观念，树立创新意识

树立创新教育观念是大学生创新教育的第一步。高校教育工作者要把学生当作学习的主体，将教育观从陈旧的、传统的知识型教育转到创新型教育上来，以人为本，建立创新型的价值观、学习观、人才观、课程观、教学观和评价观，以培养具有创新意识、创新思维、创新能力的大学生为教育目标。

2. 重构学科体系，打造创新人才

一方面，注重教育的综合性和完整性，突破专业壁垒，改变过去专业设置过细的现象，建立文理相结合的专业，培养学生适应时代发展的能力和素质。通过课程教学改革，确立有弹性的教学管理制度，开设丰富多彩的选修课、社会实践课，让学生自由地选择课程。建立开放式课堂，允许学生跨专业、跨年级学习课程。引入灵活的学习方式，把自考和成人高考的学习方式引入大学生培养当中，允许学生自学参加考试获得相应学分。

另一方面，要改革传统的考试制度，建立科学的招生、考试制度，使这种制度有利于选拔、培养个性突出、有创新意识和创新思维的优秀人才。高校要建立以测评学生创新能力发展为核心的教育评价机制。考试方法要灵活，将口试、笔试、案例分析、论文、科学实验、社会实践、第二课堂等结合起来，既考查学生对理论知识的掌握，又考查学生分析问题、解决问题的能力，充分发挥学生的主观能动性。学生综合素质测评体系应包括专业基础知识、思想道德修养、身心健康水平、文化技能特长和组织活动表现等方面。

3.改进教学方法，培养创新思维

传统教学方法强调教师在教学过程中的主导作用，忽略学生在学习过程中的积极主动性。学生学习的核心问题不是掌握知识，而是运用掌握的知识解决相应的问题。大学生创新教育要更新教学内容，改进教学方法，由知识灌输转向能力掌握。如果按照过去的教学方法，那么创新教育只能停留在纸上。

教师可以采用发现教学法、问题教学法、讨论式教学法、开放式教学法等，引导学生独立思考，培养学生的创新思维。创新型教学方法的特点是教师和学生角色的转变，由教师"满堂灌"转变为情景创设、问题研究、协作学习、意义建构等，达到培养学生创新意识、创新精神和创新能力的目的。教师要把创新教育与教学过程、学科教学、课堂教学充分结合起来，把课堂教学作为实施创新教育的主渠道。

4.强化师资队伍，增加硬件投入

创造型人才的培养需要创新型教师。创新型教师应具有创新精神，有较强的创新能力，乐于在教学中从事创造性活动并能够随机应变，深入掌握教材内容，探索恰当的教学方法，达到教学过程最优化。高校扩大招生，使得高校现有的教学科研等硬件设施不能满足学生的需要，如学生晚自习因教室不够不得不占座，因实验室不足实验课不得不排到周末。教学科研设施不仅包括教学设施、实验室装备和实践基地，还包括校园网、电子图书馆、多媒体教室等。高校要不断增加硬件投入，通过实践教学培养学生的创新能力。

5.改革教学模式，加强实践教学

实践教学是相对于理论教学而言的，其侧重点在于知识运用能力的培养，内容包括实验、实习、实训、课程设计、毕业设计、军训、创新创业活动、社会调查、科技制作、学科竞赛等。

实践教学是高校教学改革的重点。一方面，高校应审视传统的实践教学方式，对原有的实践教学方式做出相应的改革；另一方面，高校应积极拓宽新的实践教学渠道，通过校企合作、校际合作等方式创新实践教学。实践是创新的源泉，能激发学生的创新潜能。高校应加强实践教学，增加课外学时和实践教学的内容，构建实践教学的完整体系。

二、就业与创业教育

（一）树立正确的择业观

职业选择是实现个人人生理想的基本环节。大学生要以社会需求为基点确立择业目标，正确评价自我，走出择业误区。大学生树立正确的择业观与创业观要遵循以下原则：

1. 社会需要原则

作为单个的人，在社会历史进程中，不可能绝对自由地实现自己的意向和愿望。这是因为每个人的意愿不仅取决于个人本身，更取决于他们所处的社会生活条件。个人与社会相互依存，个人作为社会的一员，有其个人的需要；社会作为无数个人的集合体，也有社会需要。所谓社会需要，广义地讲就是社会生存和发展的需要，如共存需要、储备需要、信息需要、生产需要、发展需要等。其中，生产需要最为重要，贯穿各种社会需要之中。个人对职业的选择不可能脱离社会需要这个现实。显然，大学生不能选择那些社会不需要或目前不存在的职业。大学生要从大局出发，服从国家需要。这是职业选择的第一原则，也是职业指导的任务之一。

2. 发挥特长原则

所谓特长，是指一个人区别于其他人的特殊才能。一个人的特长是实现自身价值的资本，也是为社会做贡献的前提。发挥特长原则与社会需要原则并不矛盾，越是社会需要的岗位，越能为发挥个人特长提供条件和机会。特长最能反映一个人的职业能力，发挥特长是满足社会需要、为社会做贡献的有效途径。

3. 可行性原则

大学生选择职业仅考虑社会需要和发挥个人特长还不够，因为既符合社会需要又能发挥个人特长的职业并不表明个人就能从事和胜任。从事和胜任职业还受到其他主客观因素的影响，如就业政策、竞争程度、地理环境、职业信息、个人的生理条件等。在现实生活中，人们面对诸多职业却不能实现自己的职业愿望，最直接的原因大致有以下三个方面：①职业期望值过高；②对就业环境缺乏全面了解；③个人的择业能力不足。

（二）树立正确的创业观

创业就是指通过发挥自己的主观能动性，开辟新工作、拓展新的职业活动范围、创造新业绩的过程。

1. 要有自主创业的思想意识

择业是创业的起点，创业才是就业的保证。一个人选择了职业之后，就要以积极的心态去面对自己的职业，以自己所选择的职业为基础去选择创业。

2. 要提高创业的能力

创业需要扎实的能力。只有做好充分的创业准备，才有可能获得成功。大学生在创业的问题上要具有立足创业、勇于创业的心理准备，还要有谋划创业的理性思考；要充分考虑自身的能力、创业环境等现实因素，要不断提高自主创业的能力。

3. 要有敢于创业的勇气

创业的过程艰难而充满风险，只有创业的思想准备是不够的，还需要有创业的勇气。勇于创业已经成为高等教育培养人才的一个目标。破除依赖心理和胆怯心理，勇于接受创业挑战，做一个勇于创业的大学生，这是当代大学生应有的创业观。

（三）就业创业教育的途径和方法

1. 建立完善的就业创业教育课程体系

实施就业创业教育在课程体系的设置上应遵循一个原则，即各学科相互渗透、有效互补。一方面，除开设专门的就业创业教育课程外，更多的是结合现有的教学，在现有的课程中挖掘、开发、渗透就业创业教育的内容，从而加强对大学生创业意识的培养；另一方面，就业创业教育要与专业、学科优势相结合，可以"挑战杯""创业大赛"等全国大学生课外科技竞赛为契机，把就业创业活动和专业、学科优势紧密结合起来。

2. 建立就业创业教育实训环境

就业创业教育实训环境是围绕就业创业教育而建立起来的，是指导大学生如何创业、提高创业技能的硬件环境或载体。良好的就业创业教育实训环境，有利于对大学生创业理念的培养。

（1）成立创业社团

创业社团可以开展学术报告、创业交流、创业教育课程讲座等活动，为培养学生的就业创业能力搭建平台。

（2）建立学校创业园

创业园是指帮助大学生自主创业的专门活动场所。斯坦福大学所在的硅谷就是典型的孵化器，硅谷中 60%～70% 的企业是由斯坦福大学的学生和教授创办的。遐迩闻名的雅虎公司，其创办者杨致远就是斯坦福大学的学生。创业园通过提供基本的商务服务、中介增值服务和资本运作服务等，营造良好的创业环境，吸引高校中具有技术创新能力和科研成果的师生创业。高校还可以通过举办各种创业计划大赛选取优秀的获奖作品进入学校创业园。学校创业园是学生创业者将其创业计划变为现实的业务平台。学生先要提交一份商业计划书和一份完整的意向书说明其创业计划并展现自己的创业能力，通过审核后可以获得一块创业场地，使用时间一般为一个学期。

另外，学校创业园内需要两种支持组织，即智囊团和种子基金。其中，智囊团可以由法律、管理、会计专家等组成，目的是在学生寻找创业机会时为他们提供咨询，辅导并协助学生发展创意、确定商业模式和战略。种子基金可以为学生创办的企业提供初期资金，建立企业原型，支付法律费用，吸引其他潜在投资者。有志于创业的团队可以申请到一定金额的创业基金。这样既为大学生运用所学知识、提高创业能力提供了条件，也有利于大学生将来真正创业积累必要的经验。

（3）鼓励企业家进校园

高校利用校企各自的资源和优势为大学生搭建一个创业实训平台。现在很多高校将企业家请进高校与大学生交流创业经验，但多局限于理论层面。而我们这里所说的"企业家进校园"是指企业家以多形式、多渠道的途径进入校园，可以充当大学生就业创业的指导者、培训者、评估者、激励者的角色，在项目和资金的支持下甚至可以做大学生的"老板"。

具体来说，高校可以把企业家请进学校做学生的"老师"，从理论和实践上指导大学生；也可以把企业家请进校园做学生的"评委"，评估学生的作品；还可以把企业家请进校园做演讲、办讲座，充当学生的激励者与榜样。

当然，高校也应该为企业家提供有利的政策与措施，大力鼓励企业家进校园办企业，这样做的主要目的就在于让大学生获得企业在项目运行、财务管理、人力资源培训与管理、市场调研、产品开发等多方面的实际操作能力。

3.建立就业创业支持系统

大学生就业创业不仅要求个人具备较强的能力，而且需要多方的支持。其中主要包括政府、学校和社会群体的支持。三者不可或缺，共同构成一个完整的就业创业支持系统。

政府方面的支持包括"就业创业政策支持""创业金融投入""创业孵化器"等；学校方面的支持包括"就业创业课程支持""大学生创业大赛的举办""就业创业教育模式创新"等；"社会群体"方面的支持包括"家庭支持""社会舆论支持""社区支持"等。

对于高校大学生来说，需要认真审视就业创业现状、分析就业创业的优劣势，并谋求完整的就业创业支持，从而增加就业创业成功的可能性。对于高校来说，应该有针对性地为大学生就业创业提供支持：一方面，最大限度地整合已有资源；另一方面，谋求更多的社会和政府支持。对于政府来说，应该加强顶层设计，从多个渠道保障大学生就业创业，特别是大学生的就业创业实践活动。

三、生命教育

（一）生命教育的含义

生命教育有广义与狭义两种：狭义的生命教育指的是对生命本身的关注，包括个人与他人的生命，进而扩展到一切自然生命；广义的生命教育是一种全人的教育，不仅包括对生命的关注，而且包括对生存能力的培养和生命价值的提升。

（二）生命教育的内容

1.生存意识的教育

对大学生进行尊重生命、珍惜生命的教育，引导大学生正确理解生命、生存和生活的内涵，具体包括生命安全的教育、生活态度的教育以及死亡体验的教育。

2.生存能力的教育

对大学生进行生存能力的教育，有利于大学生环境适应能力、抗挫折能力以及安全防范和自救能力的提高。

3.生命价值升华教育

生命价值升华教育不仅要重视培养大学生端正人生态度，认真生活，快乐学习和工作，还要注重大学生的审美教育，让大学生在审美的过程中体验人生的价值和意义。

生命教育属于思想政治教育的范畴，然而，在我国大学生思想政治教育工作中它一直是个盲区。随着我国市场经济体制的建立和迅猛发展，近年来，大学生在学习、就业、情感、人际关系等方面出现了众多问题，犯罪、自杀现象时有发生，大学生心理问题日渐凸显，高校开始重视对大学生进行生命教育。如何有效地在大学生中开展生命教育是大学生思想政治教育的一项崭新课题。对大学生进行生命教育，目的是帮助大学生学会尊重生命、欣赏生命、珍惜生命，提高生命质量，创造生命价值。

（三）大学生的生命困境

生命不是以突兀的形态存在的，而是需要一个永恒的归宿点，使其得到安歇；需要一个向善的理由和可能性，以摆脱生命价值的虚无；需要一个良好的导引机制，以使其顺利成长。大学生生命困境的各种情形可以归纳为生命价值观偏离、生命抗挫折能力差、生命情感世界危机等。

1.生命价值观偏离

生命观主要包括生命价值观、生命质量观、幸福观、死亡观等内容，其中，生命价值观是生命观的核心内容。只有树立了正确的生命价值观，人们才会正确地看待人生中的诸多问题。我国大学生对生命的主流价值观基本上是正确和积极的，但实际上又存在着不容忽视的价值观偏离现象，如人生目标模糊、生命幸福感偏低、生命神圣感缺失、生活缺乏乐趣和意义、生命价值取向功利化、生命交往趋向封闭，对其他生命体缺乏信任、对未来缺乏信仰、自我中心主义严重，等等。

大学生生命价值观的偏离在很大程度上缘于大学生自我同一性建构的缺失。自我同一性是指生命个体将"理想的我"和"现实的我"、"主观的我"和"客观的我"统一的过程，表现为个体的生命主观感受和外界客观评价一致的程度。人的一生都在寻求这种自我同一性，这种寻求即不断"自我追问"的过程。大学生正处于自我同一性形成的关键时期，如果这一时期大学生的自我同一性不能恰当地统合和构建，就非常容易产生自我迷失感，甚至失去人生的动力和奋斗的目标。自我同一性对大学生生命价值观的形成和正确生命行为的择取具有统合和引导作用。因此，如何引导大学生形成正确的自我同一性是生命教育的重要内容。具体来说，需要引导大学生确立人生理想，尝试各种可能，积极与人沟通，寻求支持系统，保持自我发展的开放性和灵活性，从立体和多维的角度看待个体生命行为的绵延。

2. 生命抗挫折能力差

大学生的压力与焦虑产生的根源之一便是人生的挫折。每个人在人生的道路上总会遇到这样或那样的挫折。大学生面临的人生变化和选择相对较多，因而挫折感也会更加强烈。不同的人经受同一强度的挫折，会有不同的反应。就像巴尔扎克所说的："挫折就像一块石头，对于弱者来说是绊脚石，让你停步不前；而对于强者来说，却是垫脚石，使你站得更高。"这与他们的抗挫折能力有关。抗挫折能力是指个体适应挫折、抵御和对待挫折的一种能力。挫折承受力低的人，往往一遇到挫折就会陷入不良情绪的困扰中不能自拔，而不是积极地排解失败感，寻求解决的途径。大学生抗挫折能力普遍比较差，一些无足轻重的挫折和打击在他们眼里往往成为洪水猛兽，使他们无力应对、难以承受、精神崩溃、意志消沉、自暴自弃，有的人甚至对人生失去信心，误入歧途而放弃生命。因此，大学生的抗挫折能力会影响他们对生活的体验和信心，从而影响他们健康生命观的建立。

3. 生命情感世界危机

第一，情感具有两极性，即人们在一定情境中表现出的情感具有对立性、积极性和消极性。积极的情感能够激励人们顽强拼搏、创造辉煌；而消极的情感则使人意志消沉，对生活失去信心，降低人的正常活动能力。

第二，情感具有稳定性。情感不是一种被动的内心体验，个体可以主动地调节积极情感和消极情感，使其达到稳定的平衡状态。长期处于一种过于亢奋或消沉的不平衡状态中不利于个体的正常发展。大学生有能力调节自己的情感使其保持稳定。

第三，情感具有社会性。大学生的情感可以分为社会情绪和社会情操两部分。社会情绪是指大学生对社会现实和社会现象带有共同倾向的态度和行为反应，是大学生的感性认识；社会情操则是大学生在其社会化过程中逐步形成的对社会的深层次的情感体验，是大学生的理性行为。

情感危机指当个体的高级需要长期得不到满足、突然被撤销或客观事物虽然满足了个体的某种需要却与另一种需要相矛盾，而造成个体一段时间内的混乱或不平衡的一种心理危机。大学生的情感需求可以概括为爱与被爱（对父母的依赖、对教师的依赖、对异性的交往需要等）和在社会中得到尊重与自我实现的需求。所以，个体情感体系包括亲情、爱情、友情、师生情和自我实现的情感。大学生情感危机是一个综合的概念，体现了大学生情感体系的无序和混乱状态。调查显示，大学生情感问题体现为：亲情比较淡漠；渴望友情，但不会珍惜；责任感缺失，心理承受能力较弱。因此，大学生情感危机的内容可以概括为亲情危机、爱情危机、友情危机、师生情危机和自我实现的危机等。

（四）加强大学生生命教育的策略

1. 汲取家庭和社会资源，打造生活教育课程

生命来源于生活，也归根于生活，生命教育就是一种生活教育。日常生活的世界既是大学生充分展现其生命活动的场所，也是他们体验生命存在价值和寻求生命意义的舞台。大学生日常活动场所包括家庭、学校和社会，由于大学生已经长大成人，走出家庭并逐渐走向社会，因此社会生活对大学生生命教育的影响越来越深刻。大学生作为家庭、学校以及社会的一分子，必须在群体生活中找到自己的位置，在社会实践活动中追寻生命的价值，不断增强自己的社会责任感和使命感。因此，家庭生活和社会生活是大学生生命教育最广泛的课程资源。

对大学生进行生命教育，必须积极开发家庭生活和社会生活中的教育资源，如果大学生生命教育课程局限于学校封闭或半封闭的状态，脱离外部的实际环境，那么将无法满足生命主体的实际需要。所以，大学生生命教育需要学校、家庭和社会形成三位一体的格局和育人模式，其中任何一方都无法唱"独角戏"。

（1）校本资源的设计与开发

生命既是一个完整的统一体，又是各具特色的个体。生命课程既要从生命的整体需要出发，又要适应生命的个性化需要。学校是学生生活、学习和活动的主要场所，相对于生

命课程系统而言，它是一个大的生态系统，相对于家庭和社会庞大的生命教育体系而言，它又是一个小的生态系统。因此，学校生命教育系统具有中介系统和转化系统的性质，连接着社会的宏观需求和学生的微观世界，它过滤和整合来自家庭和社会生活的资源信息，开发适合自身需求的校本课程，最终作用于学生的生命成长。

具体来说，学校可以因地制宜地开发适用于所有学生的统一课程，不同专业可以根据自身的实际情况，开设具有本专业特色的生命教育课程。我国城市和农村、东部和西部，在经济、文化等方面存在显著差异，各个学校的社区环境、办学条件以及师生文化等方面也存在差别，因此，学校需要对影响课程实施的各种因素进行全面的、系统的思考，合理、高效地利用社会资源，实现大生态系统内各个生态因子的协同发展，关注课程生态系统的整体利益。

（2）家庭资源的互动与配合

生命教育不同于其他学科的教育，它是一种综合性的教育活动。家庭给生命以温暖和慰藉，是生命赖以存在和发展的亲情土壤和温情环境。家庭资源是最直接、最深刻、最丰富的生命教育资源。家庭教育可以使人更直接地体验亲情与责任，是人的个性和人格形成的首要条件和重要因素。因此，家庭与学校的积极互动与密切配合是很重要的，引导家庭参与生命教育，在家庭中营造生命教育氛围，可以巩固学校生命教育的成果。学校生命教育课程内容的选择应该结合学生生命个体独特的家庭生活经历，与学生的日常生活建立直接的联系，了解学生的心理发展历程，能够引导学生超越家庭的自然亲情，正确理解生命共同体的内涵，做到由人及己和由己及人。大学生生命教育应重视家庭生命教育的力量，加强与学生家庭的沟通和联系，及时反馈学生成长的相关信息。

（3）社会资源的支持与保障

任何个体的发展都离不开社会环境。大学生生命教育同样离不开社会大环境的支持，很多国家的生命教育最初都是先由社会组织或团体推动的。社会人士的热心参与和积极介入是生命教育得以发展的重要推动力。

2. 开发生命教育人力资源，形成生命教育对话机制

生命教育内容的实施、课程的开发、实践活动的开展，离不开生命教育人力资源，即生命教育者（在学校表现为教师队伍）的投入。没有生命教育者的执着追求和坚定信念，就不会有生命教育的显著成效。生命教育者和受教育者之间，只有形成平等和谐的对话关系，才能触动生命的灵魂，激发生命的光彩，因此，生命教育的对话机制是生命教育顺利实施的重要保障。

（1）生命教育师资队伍的建设

目前，由于生命教育在我国的教育领域中还是一个新生事物，它的教育对象众多、内

容涉及面广、方法灵活多样，所以在学校开展生命教育，需要一支相对稳定的教师队伍。同时，教师的专业素质直接影响到学校生命教育的成效。因此，学校必须建立一支高素质的生命教育师资队伍。

（2）形成生命教育的对话机制

教师与学生是不同性质的个体，具有不同的生活背景、情感体验、知识结构和认知水平，而且各自与周围的环境构成生存的小环境。教师与学生、学生与学生之间总会发生形式各异的冲突，阻碍教学的顺利开展和师生关系的和谐生成。只有展开师生平等对话并在此基础上共同体验、理解和实践，才能在生命培育上形成合力，不断探索新的生命意义，实现生命的共同成长，进而建立一种整体和谐、充满人性的人际生态环境。

3. 推进教育管理方式的变革

高校需要为生命教育活动做好各项支撑性工作。

（1）提高管理者的素质

第一，管理者要尊重学生的个性，在教育管理过程中，要注意引导生命、感化生命，以良好的观念、态度服务学生成长活动。第二，在管理制度和教育教学制度的制定过程中，要充分融合生命教化的思想，实现管理制度育人功能，不能为了所谓的秩序、管理效率而抛弃对生命的人文关怀。在大学生思想政治教育过程中，"人性化"制度最终要代替"枷锁式"制度。第三，管理者需要建立畅通的沟通机制，实现与教育对象的沟通交流，不断完善生命教育中的不足，促进管理者角色的转变。

（2）规范教学管理

在以知识为核心的课堂中，教学目标、教学程序都是预设的，教师在教学中倾向于采用结构化、封闭化和权力化的控制方式。生命教育强调尊重学生，充分意识到学生生命的本质特征，提倡师生互动和对话。这样就打破了传统的秩序和控制方式，从而成为开放的、动态的、生成的教育。学校应当设计生活化、融入式的生命教育课程，包括教材、活动及资源等，推进研究型教学；改变传统的以教师为主体的单向灌输式教学，转向以学生为主体的参与式教学。

（3）加强实践活动

生命自身不会呈现意义、实现价值，只有通过自身的体验、感悟，才能实现意义与价值。因此，管理者要变"封闭管理"为"开放管理"，让学生更多地走进生活、走向社会，通过实践进行思考、判断和体验，使生命获得感动、震撼。

四、人际交往教育

人是社会中的人，人的生存和发展离不开和他人的交往。大学生生活在大学校园里，必然要和周围的同学、教师等发生各种交往关系。这种人际交往关系会直接地影响大学生为人处世的态度，甚至影响大学生的世界观、人生观、价值观。所以，和谐人际关系的确立对大学生的发展来讲至关重要。引导大学生确立正确的人际交往准则，树立正确的友情观、爱情观，是大学生思想政治教育的重要内容。

（一）人际交往的准则

1. 尊重

人与人之间的关系是平等的，相互之间是独立的。每一位大学生都是以独立的个体出现的，而且处于平等的社会地位。基于这种人格平等的尊重是建立良好人际关系的前提。尊重他人，即尊重他人的人身权利、自尊心、感情，不干涉他人隐私。尊重他人实际上是尊重自己的一种体现，只有在人际交往中尊重他人的人才能获得他人的尊重。

2. 诚信

诚实守信是一种美好的品德，能够很好地促进人与人之间的交流，推动人与社会的良性互动。在现代社会，诚信是一种无形资产，只有在人际交往中"诚而有信"才能得到他人或组织的支持、鼓励，更好地体现自身价值。

3. 宽容

宽容，指心胸宽广，不计较个人得失。大学生在人际交往中，要学会宽以待人，关心人、理解人。

（二）人际交往的艺术

1. 寻找共同语言

任何人都是一个多元性的综合体。人与人之间总能从知识、能力、职业、文化、民族、地域、年龄等方面找到某些共同语言，这些共同语言的存在为人与人的成功交往提供了前提。大学生在与他人交往中要善于寻找双方共同的话题、体验或情感。共同语言的交流是大学生成功与人交往的关键。

2. 向对方有限度地敞开心扉

在人际交往中，大学生要激起对方交往的热情，可以在一定范围内有限度地向对方敞开胸怀，取得对方的信任和理解。大学生要根据交往对象的性质确定敞开心扉的程度。

3. 换位思考

成功的交往者总能站在对方的立场上思考问题，考虑对方的需要、情感、利益和爱好，善于理解对方的想法，总能设身处地为对方着想，减少给对方带来的麻烦。

4. 学会倾听

人在生气、愤怒、陷入困境或兴奋、激动时，总是希望有人能倾听他（她）的诉说，而倾听诉说的人无形之中就成了他（她）心目中值得信赖的朋友。耐心地听他人的倾诉，尊重倾诉人的情感和态度，不仅体现了对倾诉人的关心和理解，还能获得更多的信赖。

5. 学会幽默

幽默可以让人在愉快的笑声中结束尴尬的气氛，可以让人在紧张的工作中获得轻松。大学生在平时的学习、生活中要试着培养自己的幽默感，如果能培养一定的幽默感，那么在很多情况下就能巧妙地处理人际交往中遇到的尴尬局面。

（三）友情观

1. 友情是朋友之间感情的凝结

友情涉及的不是一个人的感情，而是缔结友情的人相互之间共同凝结的感情。友情不排他，拥有同一份友情的可以同时是两个人，也可以是两个以上的人。这些人由于共同的生活经历、共同的兴趣、共同的志向或者其他的共同点走到一起，都把对方看作自己最亲密的人，他们的感情是相互之间认可并努力维持的。大学生必须认识到友情是双方或多方感情的付出，要为获得友情而做出自己的努力。

2. 朋友应有高尚的志趣

拥有友情的人在交往过程中会潜移默化地影响对方并受到对方的影响。所以，大学生选择朋友应该选良友、益友。良友、益友是有高尚道德追求的人，是有高尚志趣的人，这样的友情有利于促进个人积极向上。

3. 朋友间要能相互扶持

友情是一种特殊而美好的感情，是建立在心理相容基础上的互相依恋。这种感情在人身处逆境时能给予慰藉和帮助。大学生在朋友遇到困难时，要从心理上给对方以鼓励，帮助对方走出困境。

4. 朋友间要充分信任

共同经营友情的人会把对方当作自己感情的寄托，希望能够从对方那里获得安慰、鼓励，把对方当作自己倾诉的对象。友情中的一方往往会把他（她）藏在心里不愿意向他人（包括父母）倾诉的思想感情和秘密向另一方袒露，作为朋友的另一方在不违背社会道德和法律的前提下需要为对方保守秘密。朋友之间的信任是友情持续的保证，如果一方失去了另一方的信任，那么双方的这种亲密感情将很难维系。所以，大学生在与朋友交往中要尊重对方的隐私权，要给对方以充分的信任，这样友情才能长远。

（四）爱情观

1. 爱情是恋爱双方的自愿选择

爱情是男女双方在交往过程中产生的相爱的情感。恋爱双方都应该尊重对方对感情进行选择的权利。如果一方在交往过程中认为双方的爱情并不是自己理想的爱情，他（她）有放弃这段感情的权利，放弃前应取得对方的理解。如果大学生在恋爱中遇到对方提出分手的情况，那么需要以理智的行为和坦然的心态处理双方之间的关系。

2. 爱情具有排他性

爱情涉及的是两个人的感情，恋爱关系一旦确立，恋爱双方都应该专一于对方。同时拥有多个恋爱对象的人是不道德的，是对自己感情的不负责任，是对任何一个恋爱对象的不尊重，是要受到社会道德谴责的。大学生必须认识到爱情的排他性，以专注的态度对待这份神圣的感情。

3. 恋爱双方要承担相应的责任

处在恋爱阶段的男女双方应该承担相应的责任，具体如下：

一是对对方承担的责任。在大学阶段，学习是学生主要的任务。恋爱双方要考虑到彼此的交往不能影响双方的学业，双方的感情应该有助于双方的学习，为彼此提供学习的动力，而不是起反作用。

二是对双方所在集体的责任。很多大学生一旦恋爱，就成了游离于集体的人，天天和恋人黏在一起，集体活动很少参加甚至根本不参加，这些大学生完全漠视了作为所在集体成员应该承担的责任。

三是对社会的责任。这主要是指一些大学生挑战社会的道德底线，在公开场合做出不文雅行为，造成不好的社会影响。

4. 爱情不是生活的全部

拥有一份美好的爱情是令人羡慕的，但一个人活着仅有爱情是远远不够的。已进入恋爱阶段的大学生应该把爱情作为自己进一步奋发图强的动力，处理好爱情和学业之间的关系，争取学业有更好的发展。未进入恋爱角色的大学生不要盲目跟风，而要努力学习，提高个人能力。失恋的大学生不要自暴自弃、怨天尤人，应抓紧时间提升自己。

人际交往能力是现代人在变化万千的社会联系中保持和谐人际关系的重要能力。大学生准确理解人际交往的准则、掌握人际交往的技巧能使其人际关系更加融洽，而确立正确的友情观和爱情观无疑会使其在感情的道路上走得更加顺畅。

除上述创新教育、就业与创业教育、生命教育和人际交往教育四个方面的内容外，高校应该根据时代发展的实际需要，增加创新意识、服务意识、效率意识、竞争意识、规则意识、合作意识、开放意识等教育内容，实现大学生思想政治教育的与时俱进。

第三章 高校思政课程实践教学模式

第一节 高校思政课堂实践教学

课堂实践教学是在课堂上创设一种情景或者设计一个环节，让学生亲身参与的实践教学模式。这种实践教学模式能够将课堂上教师的理论讲授与学生的亲身实践紧密结合起来，当堂讲授、当堂练习，加深了学生对教师讲授内容的思考与认识。

课堂实践教学模式的存在能够把相对抽象、枯燥的理论或历史久远的事实，通过课堂的某一个环节重新展现出来，也能让学生对思政课的相关知识有更为直观、具体的认识。同时，课堂实践教学这一模式能够有效激发学生课堂学习的主体性与自主性，培养学生的思辨能力。

一、思政课堂分享会

（一）概述

当前，我们身处互联网时代，互联网时代最为鲜明的特点就是人们获取信息日益便捷、多元，人们每天都可以接收到海量的信息，但是每一个人的关注点不一样，这又使得每个人接收的信息量虽然大，但信息内容却各不相同。在思政课课堂上设置分享会这一课堂实践教学形式，就是要达到两个方面的目的：一方面，是让高校学生把自己在网络和生活中获取的海量信息，通过课堂这一平台进行交换，拓宽学生的视野，丰富学生的信息和知识；另一方面，学生正确、有效地使用互联网，可以避免学生陷入影视、游戏作品中不能自拔，避免学生整日被海量的信息淹没却无所收获。

具体来说，思政课堂分享会就是思政课教师定期让学生把自己近期读过的书、看过的影视作品，或者是在朋友圈、微博、门户网站看到对自己有所启发的文章，或者把自己亲身经历抑或其他对自己有启迪和教育意义的事情在课堂上与同学分享。通过分享会这一课堂实践教学形式，思政课教师能够快速了解自己所教的高校学生目前关注什么，他们的兴趣点在哪里，教学时选取什么案例能够引起高校学生的兴趣，从而提高教学效果。

与此同时，分享会这种课堂实践教学形式也有助于学生将自己碎片化的阅读加以整理。因为高校思政课中每节课都会有分享会，这样就倒逼学生必须拿出能和同学分享的素材，而且必须对分享的内容有所思考。这样日积月累，将有助于培养学生思考的习惯，而且还能让学生做一个生活的有心人，善于发现、善于思考、敢讲真话，从而获得更多关于人性、道德、法律、国家、社会等方面的感悟和体会。

（二）教学设计

思政课堂分享会这一课堂实践教学形式看似普通，实则意义非凡，很多课程的课堂实践教学中都会使用，特别是在旨在改变学生思想与行为的思政课上。一则它为广大青年大学生提供了一个在课堂上相互交流的平台，有助于大学生做一个生活的有心人，善于阅读、善于发现、善于思考、善于利用自己碎片化的时间；二则它为思政课教师了解学生的思想和生活动态，以及学生的关注点、兴趣点提供了一个窗口，有助于教师在日后教学中选取教学案例，既符合时代特点又能激发学生的学习兴趣，有效提升思政课的教学效果。

1. 设计思路

在思想道德与法治《人生的青春之问》这一章节的教学过程中，首先可以设计分享会这一实践教学环节，以"我关于人生、世界的所见所闻所感"为题，在思政课课堂上开展此实践教学活动。用学生在生活中所见、所闻、所感来引入思想道德与法治课中关于世界观、人生观和价值观的内容，培养学生树立正确的"三观"，以一种积极、昂扬的精神面貌来面对自己刚刚迎来的大学生涯，以务实、乐观、认真的态度来度过自己的人生。

（1）选题目的

《人生的青春之问》这一章实际上是学生关于人生、世界和价值的认识和理解，它不同于某一个具体知识的学习，并不要求学生必须准确理解。通过学生课堂分享这一具体实践，可以让青年大学生认识和了解到大千世界、芸芸众生，知道不同的人对于世界、人生和价值的看法也各不相同。虽然人的世界观、人生观和价值观不能整齐划一，但是在众多不同的观点、看法之中，个体也好，社会也罢，必须有一个公众都认同且能达成共识的认识和理念，否则社会将会陷入私利横行、散乱无序的状态。只有在核心价值理念或者基本价值观的引领之下，充分尊重每一个个体的价值观，才能真正实现帮助当代青年大学生树立正确的世界观、人生观和价值观，走好自己的人生之路的目的。

（2）实践要求

思想道德与法治课程开始的第一节课，即进行分享会实践环节的任务安排。学生以个人为单位进行分享，教师根据班级容量安排每一节参与课堂分享的学生人数及名单，并提前一周告知下节课参与分享的学生，让学生在心理上有所准备。学生分享的内容可以是自己曾经读过的一本书，也可以是一部影视作品，抑或自己近期在朋友圈、微博、门户网站上看到的有所感悟的文章或者事件，还可以是自己亲身经历的有启发和教育意义的事情。总之，内容来源不拘一格，但是所分享的内容的主旨，必须是对当代青年大学生未来的人生发展、价值取向等有启迪与教育意义的。为了保证分享质量，让班级的其他同学都能印象深刻，进行分享的同学需要把自己分享的内容制作成 PPT，图文并茂地呈现自己所要分享的内容，并结合思想道德与法治课堂所学内容再进行分析和阐释，在有感性体验的同时，不断提升自己的理性认知。

（3）活动评价

评价主体由思政课教师和三位本班同学共同担任。主要评价的指标有分享人的语言表达、PPT 制作质量或媒体技术运用、分享内容的时代性与启发性，以及学生对分享内容的理论分析能力等。

2.注意事项

分享会应该提前一周告诉学生准备，要求学生要做有准备的分享，而不是课堂随机分享一段感受。有充分准备的分享一则要求分享的内容是真实发生或者自己的亲身经历、感受的事件，不能是随意虚构的，否则分享就失去了意义；二则应该尽量运用思想道德与法治课上所学内容和理论，对分享的事件进行分析，并将课堂所学理论与现实生活中的实际结合起来，这才是思政课上分享会这一环节的意义之所在。

分享会不仅要分享，还要有点评，应该是一个信息在师生之间、学生之间彼此输出、输入不断交换的过程。倘若只是学生个体上台分享，没有任何反馈，久而久之，分享的学生便感受不到分享带来的共鸣与乐趣，分享就会变成负担甚至是应付。

分享会作为一种独立的课堂实践教学形式，必须有严格的要求，要让学生对分享有一种仪式感。学生要精心选择自己要跟大家分享的内容，精心制作自己分享时用以呈现自己思想和内容的 PPT 或者视频，调动自己的各方面才能，如素材收集、视频剪辑、旁白配音等，用认真的态度去对待每一次课堂实践。课堂分享的过程中，教师要做好相关安排，捕捉台上做分享的同学的精彩瞬间，将每一位同学在分享时的精彩表现结集成册，在学期末最后一节课后放映给全班同学欣赏，让大家感受到用心做一件事情时的自己是最美的。

可以分享"佛系人生"和袁隆平人生价值的实现，以及现实生活中的舍己救人等事件，这会让我们看到不同人的不同行为，同时也反映出多种不同的人生观和价值观。思政课教师要带领学生分析各种不同人生观与价值观的特征，各类人群未来在社会中的发展，以及一个国家、社会的发展对于国民、公民的基本要求，进而引导学生正确看待社会中存在的多种不同的人生观和世界观，树立正确的人生观、价值观。

3. 教学总结

分享会这一课堂实践教学形式的设计，不是为了分享而分享，而是希望通过分享会这一载体和平台，培养学生充分利用自己课余碎片化的阅读时间，观察和感受生活中的人和事，发现问题，勤于思考，并将经过自己深入思考和精心设计的内容，与同学、教师分享、互动，在思想的碰撞过程中加深对所学理论的认识，加深对自我、他人和世界的认识。

分享本身也是一种共享的理念，在共享的时代，青年大学生应该通过课堂分享会培养自己的共享意识，同时也要深刻感知共享给个体、社会带来的益处。虽然现在资讯非常发达，但是每一个人还是有自己在认知、信息获取上的盲点，通过分享会这种形式，青年大学生能够深刻体会到与人分享、共享的魅力和价值。

二、思政课堂角色扮演

（一）概述

1. 角色扮演的含义

人是社会性的动物，在人的社会性存在中，每个人都需要和社会中的他人发生联系，同时也只有在与他人的合作中才能实现自己的人生价值。当前的青年大学生是一个有思想、有个性的群体，他们渴望展现自我，得到他人、社会的认可，但是由于其生活的特有的时代背景，其大部分都是独生子女，在其家庭生活中缺乏与同辈互动协作的经历，让这一代人普遍存在不同程度的以自我为中心的性格特点。然而，现实的社会生活却是一个需要彼此协作方能成就你我的场域。因此，懂得换位思考，能够理解、包容、合作是当代青年大学生未来发展的必备品质，也是思政课在高校人才培养方面的重要目标。广大青年大学生在成为社会的栋梁之前先要成为一个有思想、有道德的青年，成为一个能够与他人良好沟通、互动、协作的青年。

具体来说，角色扮演就是在思政课上教师根据教学需要设计一个情景，情景要真实、具体，让学生身临其境，真实感受不同情景之下人的感受、思想与行为，从而对某个问题或者某种理念有一个科学、全面的感知和认识。在思政课教学过程中，尤其是思想道德与法治这门课的教学中，涉及很多关于人生观、价值观、理想道德、法律规则等方面的内容需要给青年大学生讲述，然而仅仅依靠教师的讲授往往难以达到让学生感同身受，进而学会换位思考、理解他人的目的。但角色扮演则能以一个全新的视角和方式帮助青年大学生对某个问题，对某些人的理念、行为有一个全新的理解和认识，走出之前的认识误区或者发现自己在认识上的盲点，还能通过真实的情景模拟和具体角色的扮演更深刻地感受此时、此地、此人、此景，理解当事人的感受与行为，做一个有情感、有情怀、有理性的青年人。

2. 角色扮演在思政课实践教学中的必要性分析

首先，实践教学中思政课教师扮演好自己的角色是施教过程中教师主体作用的体现。从教学中"双主体"的地位来看，无论怎样强调学生在接受过程的主体作用，也不能抹杀或取代教师在施教过程的主体作用，这是由思政课教育活动中教师"教者"这种身份本质所决定的。所以不论是理论课还是实践课，思政课教师在教学过程中的主导作用都需要得到坚持和强化。但由于实践教学经验性的限制，如何强化实践教学中教师的主导作用尚有待我们去探究。

其次，重视教师的角色扮演也是实现思政课实践教学的目标所决定的。实践课既然是理论课的延伸和深化，就必须围绕为社会培养有德行的人来进行。而对于高校院校而言，培养具有一定职业素养能力的人乃是学校的人才培养目标。在这点上，教师必须做到心中有数，明确如何组织实施、创新模式，提高实效，使学生通过实践教学积累一定的职业素养经验，为今后走向社会奠定基础。这再次肯定了思政课教师在实践教学中的主导作用，同时也对他们的思想政治素质和业务素质提出了更高的要求。

最后，实践教学中教师扮演好自己的角色，是在高校思政课中融入社会主义核心价值体系教育的需要。社会主义核心价值体系要为当代大学生所认同，成为大学生比较稳定的价值取向，就必须抓住实践教学这个平台，将核心价值体系的相关内容融入实践教学，使相对抽象的理论和学生的生活实际相结合，让学生感同身受。而要达到这个效果，教师扮演何种角色就显得特别重要，大学生接受了教师扮演的角色也就容易接受其传授的知识。

(二) 教学设计

角色扮演是以学生为中心的教学互动，是一种提高学生参与积极性的实践教学形式。作为课堂实践教学的重要形式之一，角色扮演的实践效果历来显著，深得思政课教师与学生的喜爱与认可。角色扮演其主要的目的主要有两个：一是要让学生用自己所扮演角色的思维去思考、去行动、去揣摩自己所扮演的角色，思考角色本人是怎么想的、他应该怎么做、他为什么会这样做；二是通过角色扮演，青年大学生也能感受到面对他人对待自己的某种态度时自己的感受是什么样的，而这种态度是不是自己曾经用来对待别人的态度。角色扮演在思政课教师的精心设计之下，能够让青年大学生通过扮演不同的角色来获得不同的感受，对他人、对事物有一个更为真实、全面的认知。

1. 设计思路

在思想道德与法治《明大德、守公德、严私德》这一章节的教学过程当中，职业道德、家庭美德及社会公德是当代青年处理好与同事、家人、社会之间关系的重要媒介。在单位如何与同事相处、在家庭中如何与家人互动、到社会公共场所中如何与他人交流，这些问题的处理既需要一定的道德涵养，又需要一定的沟通技巧，对个体的要求非常高，而这种能力的培养和获得也绝非一朝一夕之事。因此，在这一章设置此课堂实践教学环节非常有意义。

（1）选题目的

角色扮演的精髓就在于引导和启发人们进行换位思考，能够了解和体谅他人，感受他人的工作环境，体验他人此时此地的真实感受，从而对他人多一份包容和谅解，对自己多一份自律和约束，进而提高当代青年大学生，以及整个社会的道德素养与水准。

（2）实践要求

角色扮演这一课堂实践教学形式通常需要两个以上的学生参与，扮演某一事件中的双方或者多方角色，让学生体验理智与冲动者带给他人的不同感受。同时还可以结合高校学生所学的专业，将专业知识与思政课上所学知识有机结合并呈现出来，让学生在具体实践中获得真实的感受和体会。例如，以法律文秘专业为例，可以某个庭审现场为基本背景，让学生进行角色扮演，感受缺乏道德与法律意识的伤人者对被伤害者造成的严重影响。学生可以一个扮演法官、一个扮演原告、一个扮演被告，还可以有原告和被告代理律师的扮演者。

（3）活动评价

评价主体由思政课教师和本班学生共同担任，学生评委可以从进行角色扮演的学生和观众当中各选两位，让扮演者和观众分别从不同的角度对这一实践环节进行评价，并注意掌握好时间，每人三分钟，不能超时，以免影响整个课堂教学的进度。教师作为评价的主体，其主要评价指标是学生的角色扮演是否到位，对于人物言行的把握及学生评价是否中肯等方面。角色扮演这一课堂实践教学环节最重要的评价依据，就是学生是否在扮演和观看的过程中有所感悟和启发，对他人的处境、对社会的发展阶段有所体会，进而在未来不断更新自己的思想，修正自己的言行，努力做一个有责任、有道德、有担当的新时代的新青年。

2. 注意事项

角色扮演这一课堂实践教学的主要目的在于通过扮演不同的角色，让青年大学生对自身平日的言语、情感、行为、思想进行反思，因此，对于角色扮演者的要求较高。首先，要求扮演相应角色的学生要揣摩他所扮演角色的心理；其次，将角色的言行逼真地表演、展现出来；最后，还要紧密结合思政课堂的教学内容进行。

角色扮演对于教师的要求主要体现在对于表演现场及表演效果的把控，因为一场精彩的表演能让所有学生的内心都有所震动和感受，而一场糟糕的表演则既浪费宝贵的课堂时间，又让学生备感失望，进而对实践教学失去兴趣。因此，教师既要指导台上学生的表演，又要注重调动台下学生关注的反应，还要保证表演不能偏离思政课的教学内容，要与本节课教学想要表达的内容密切相关。

角色扮演主要是通过学生表演的形式让大家有所感悟、思考，因为学生的表演大都很青涩，所以时不时会有让大家爆笑的情节，但是绝对不能让角色扮演这一实践教学形式沦为学生一笑而过的环节。思政课教师应该积极发掘学生扮演过程中积极的一面、闪光的一面，以引发学生整体对于某一事件的思考与讨论，将表演展现的现实与思政课教学中的具体理论内容结合起来，让学生感受到思政课既富有理论性的一面，又有特别贴合实际、接地气的一面。

三、思政课堂焦点讨论

（一）概述

当前青年大学生身处全媒体时代，每时每刻都能轻松获得来自全球的资讯，这些信息既有政治方面的，如各国政党新闻事件、国家间的政治往来等；也有经济方面的，如各国经贸往来、全球经济动态等；还有文化方面的，如各类主流文化、亚文化之间的交流与碰撞等；还有生态方面的，如全球生态危机等。

具体来说，焦点讨论就是在思政课的课堂教学中引入当前国内外热点问题或者话题，让教师和学生共同就这一被人们广泛热议的焦点问题进行讨论，在师生共同讨论的过程中，教师要引导学生深入分析和思考问题。讨论的"焦点"主要体现在两个方面：一个是问题本身是"焦点"，另一个是让讨论成为本节课的"焦点"。问题本身是"焦点"的意思是思政课上讨论的问题本身就是当前人们所广泛关注的焦点问题，是青年大学生也非常关心、想要了解的事件，同时对于此事件学生也有着自己的看法和观点。让讨论成为本节思政课的"焦点"是指，让焦点讨论环节成为课堂上青年大学生能力素养提升的关键环节，让学生在具体人物事件、特定话题的讨论中，学会从多个维度去思考问题，进而培养成一种良好的思维习惯，经常去思考规则制度、人性道德、权利与义务，以及一个国家的历史发展等，从而更为深刻、主动地去理解客观世界和自己的主观内在。焦点讨论中焦点的选取对于教师的要求很高，一方面教师要真正选取学生关注的当前热点、焦点，另一方面要真正将焦点讨论打造成提升学生能力素养的焦点环节。

引入社会焦点作为课堂案例可以发挥思政课的实效性。但是，社会焦点语言具有分散性和多元性，需要加工整理，才能转化为课堂讨论的话题语言和价值共识语言。

1. 将社会焦点文字置换为讨论话题语言

社会焦点文字具有更新速度快、涉及范围广等特点，这一特性要求教师在思政课上合理加工社会焦点文字，并在此基础上进行语言转换，才能转换为讨论话题语言。

2. 将社会正能量语言升华为师生共识性语言

所谓社会正能量语言，是指在社会层面，人民大众内心普遍接受和认同的语言形式。而对于思政课堂而言，需要思政课教师将这些话语引入课堂，同学生实际相结合，形成师生共识性语言，从而使学生认同并践行。

（二）教学设计

在这个资讯异常发达的全媒体时代，足不出户即可了解全球资讯要闻，而青年大学生又有着很强的好奇心和求知欲，焦点讨论理所当然成为当代青年大学生喜欢的课堂实践教学形式。焦点讨论旨在引导学生关注生活、关注国内外社会热点，在关注的同时还能保持理性的认知去分析问题，进而提出具有建设性的解决问题的想法或方案，培养和锻炼青年大学生理性看待问题的素养和能力。

1. 设计思路

在思想道德与法治《明大德、守公德、严私德》这一章节的教学过程当中，可以设计"焦点讨论"这一实践教学环节。因为大学时期是个体道德意识形成和发展的重要阶段，尤其是在这个"人人都是通讯社，人人都有麦克风"的自媒体时代，青年大学生每日都可通过各种媒体途径获得全球各地的资讯信息，特别是涉及个人言行道德与社会公德的事件。焦点讨论这一形式不但可以让学生了解当前的国内外社会热点事件，而且还能了解青年大学生对于热点事件的观点和看法。与此同时，在任课教师的引导下，青年大学生可以运用思想道德与法治中关于道德的内容进行分析，让学生明确其作为个体存在应该严守私德，作为公众中的一分子应该恪守社会公德，要真正做一名道德高尚的人。

（1）选题目的

《明大德、守公德、严私德》这一章就是要告诉青年大学生何谓道德，道德的重要作用，以及道德在个人、家庭、职业和社会等不同场合中的体现，让学生明白道德对于个体和社会发展的重要性，教会学生在个人成长、婚姻家庭、职业生涯和社会生活中都要严守道德，不做有违道德之事，弘扬真善美，抨击假恶丑，勇于跟社会上的不良风气和行为做斗争，做一个有利于家庭、社会和国家的善良之人。焦点讨论聚焦的事件或者个人也许并不是学生自己，但是透过他人的言行举止，以及社会对于此种行为的评价，引导学生从个体、家庭、社会等多个角度用思想道德与法治中所学的，关于道德的相关知识进行理解和分析，举一反三，对同类的事件有一个更为清晰、深刻的认识。

（2）实践要求

焦点讨论不同于分享会，分享会是每名同学就自己的所见、所闻、所感与大家分享，而近期的焦点人物、事件是一定范围内的人们都普遍关注的，所以课堂实践教学环节中思政课教师选取的焦点，往往是近期国人或者广大青年大学生都非常关注的事件。焦点讨论往往以小组的方式进行，要求学生对所讨论的焦点事件有充分的了解，包括事件本身是什么，新闻媒体对于事件的报道怎样，我们小组的观点是什么。而作为任课教师，既要知道学生对于某热点事件的看法、观点是否一致，如果不一致都有哪些分歧或者不同；又要能够透过事件的表象看到事件背后反映的本质，引导学生对某一问题进行深入、全面的分析和认识，由最初的感性认识上升到理性认识。

（3）活动评价

评价主体由思政课教师与学生共同担任，学生评委由学生民主推选产生，每个小组推选出一名学生评委。主要评价的指标有讨论是否紧扣焦点事件、讨论的核心观点是否正确、讨论过程中是否有人身攻击等不礼貌行为、是否结合思想道德与法治所学知识对所讨论的焦点进行了分析等。

2. 注意事项

焦点讨论要求教师选取焦点事件时要有针对性，例如，"霸座"事件之所以成为被选取的焦点，一方面是因为它是近期社会、网络热议的事件，人们都非常关注此事件，而且人人对此都有话说，把它引入思政课课堂上，青年大学生也比较熟悉，而且有很多想法、观点想要表达；另一方面是因为"霸座"事件本身就是当事人自身道德素养低下的一种体现，同时也是对社会公德的践踏，在当前这个公共生活日益发达的社会环境之下，不遵守社会公德的行为带给社会的影响越来越大，也越来越受到社会公众的关注，讨论此事件能够激发青年大学生的思考。

焦点讨论的过程中，经常会有一些消极的、负面的事件出现或者被提及，对于这些事件，思政课教师应该多加注意。一方面，不能回避这些事件，因为回避对事件的分析，只会让有偏见和认识误区的学生更加坚信自己偏激的观点，更难改变其对社会、国家产生的不理解；另一方面，思政课教师要进行正确的分析和有效的引导，引导学生通过分析不好的人和事，建立一种积极、正向、理性的认知。

焦点讨论只是思政课上的一个组成部分，只是课堂实践教学的一个形式，不能占据整个课堂。因此，焦点讨论要求教师控制好讨论的时间，既要让学生在焦点讨论的环节有所收获，又要合理安排好课堂的教学进程，不能让讨论占据整节课堂。因为讨论只是一个载体、途径，通过讨论，学生可以对道德有深入、全面的认知，进而将其转化为自己今后的行为，这才是焦点讨论的教学目的。

焦点讨论环节要求学生遵守讨论的规则，不能有人身攻击等不文明的行为出现，同时在讨论焦点事件的时候既能够就事论事，分析所讨论焦点事件的原委，又能够举一反三，思考并列举出现实生活中存在的各种不讲道德、有损公德、破坏秩序的行为，增强大家对不道德行为的直观感知和印象。

焦点讨论以小组为单位进行，但是要注意小组内部前期的讨论。一方面，要充分发扬民主，让小组的每一个成员都有机会发言，表达自己的观点；另一方面，每个小组中被推选出代表小组参加班级讨论的同学，必须充分总结并代表本小组成员的观点，不能以偏概全，更不能只发表自己个人的观点而漠视其他同学的观点。

3. 教学总结

不同的时间段会有不同的社会焦点产生，这些焦点中既有积极、正向、充满正能量的事件，也有消极、颓废、挑战社会道德底线的恶性事件。思政课上焦点讨论这一实践教学环节，就是要培养学生对于某一重要的热点问题进行理性思考、分析的能力。同时在一节完整的思政课上，只有让学生感受到课堂的焦点环节对自己启发很多，自己也收获很多，学习才能有获得感。

焦点讨论本身也是激发学生思考的一种非常好的方式。讨论意味着表达，而表达必须有思考的过程，要想表达得好，就必须有一个缜密的思考过程。因此，焦点讨论看似是对某一个热点问题、事件的讨论，实则也是对学生思考能力的培养和锻炼。

第二节　高校思政课校园实践教学

校园实践教学是课堂实践教学的延伸，是在课堂之外、校园之内开展的实践教学活动，旨在通过校园内丰富多彩的活动来加深学生对于人生、社会乃至世界的认识。这种实践教学模式比课堂实践教学模式有更大的自由度，同时也有助于丰富学生的校园文化生活。具体来看，校园实践教学模式主要包括校内调研、主题演讲、校园文化节等。

高校校园长期以来都是思想政治理论教育的主阵地，也是当前我国意识形态传播的主阵地，其重要性不言而喻。思政课的校园实践教学就是以高校校园作为思政课实践教学的主要场域之一，以高校校园内的各类校园活动作为思政课校园实践教学的主要载体，通过丰富多彩、主题类型多样的校园活动培养高校青年学生的道德修养和综合能力，以提高高校青年学生未来适应社会、把握人生的能力。

一、校内调研

（一）概述

一切从实际出发、实事求是为马克思主义的基本原则，也是思政课想要传递给学生的一种做人、做事的基本价值遵循。身处高等院校，青年学生接触最多的就是各种理论知识，而理论的生命力在于其源于实践而且能够指导实践。因此，理论联系实际、一切从实际出发、实事求是也是高等院校青年大学生未来成长、成才的基本前提。调查研究就是一种最为基本的接触生活、接触社会、接触实际的基本途径，它能够帮助高校青年大学生将自己在课堂上所学的理论知识与现实社会生活中的实际结合起来，从而更为全面、立体地了解生活、了解社会，进而理解自己在课堂上所学的相关理论。

具体来说，校内调研就是思政课教师根据教学目标与学生培养目标，以大学校园为载体和平台，结合思政课的教学内容，号召和组织青年大学生在大学校园内开展各种贴合大学和大学生实际的实地调查研究活动。当代青年学子极富个性而且有思想，但是很多时候有些青年大学生的思想有些偏激并不符合社会实际，思政课教师想要帮助其改变和更新观念，仅仅依靠单纯课堂讲授或者说教，很难达到说服此类学生、帮助其确立客观理性思想和观点的目的，而校内调研则能很好地达到这一目的。例如，有些学生认为当代青年大学生都是精致的利己主义者，没有爱国情怀，显然这一观点并不客观，以偏概全，尽管思政课教师在课堂上对此观点进行了澄清，但是对于改变持此类观点的学生作用有限，唯一能够让这些学生心悦诚服的做法就是让他们自己在大学校园进行调查研究。校内调研可以使他们实地与同学进行零距离的接触、观察和访谈，真正了解周边青年大学生的所思、所想和所为，从而发现大部分青年大学生都有着一份爱国的热情和情怀，而且也是乐于助人、关爱同学和社会，并非都是精致的利己主义者。通过实地调查研究，这些学生走出了自己狭隘的世界，转变了自己原有的想法和观念，真正达到知行合一。由此可见，校内调研对于了解当前青年大学生的思想动态、行为习惯与价值观念效果明显，也有助于培养青年学生知行合一、实事求是的严谨作风。

（二）教学设计

校内调研是了解当前青年大学生心理、思想与行为的重要渠道，也是高校思政课校园实践教学的一种重要形式。校内调研主要的调研群体为高校青年大学生，调研者多为高校师生，调研的对象也多为高校学生，而调研的主要手段是问卷调查和访谈调查，一般都是问卷调查结合深度访谈。青年学生进行校内调研的过程也是了解同学、了解学校、了解当代青年大学生状态的一个重要渠道。进行校内调研首先需要在校园内进行相关数据资料的收集，这对于青年大学生的表达能力、沟通交流能力就是一个非常重要的锻炼。在收集资料的基础上还需要对资料进行高效的整理和分析，这也是对学生缜密思维能力的锻炼。调研不但要调查现实情况，更为重要的是能够从调查所得的数据中发现问题，分析和寻找问题产生的原因，进而探索解决该问题的具体方法和路径。因此，校内调研是对青年大学生综合能力的锻炼，同时也是思政课教师深入了解当代青年大学生，尤其是自己所教学生特点的一个非常重要的渠道。

1.设计思路

调查研究是一个极具专业性的工作，它要求问卷的设计，数据的整理、分析都必须严谨缜密，容不得半点马虎。在进行校园实践教学中校内调研这个环节时，要求教师做好指导工作，而且调查研究应该以小组为单位进行，小组内成员分工合作共同完成。身处网络信息化时代，青年学生在进行调查研究时可以充分利用网络信息化手段，无论是在最初的数据收集、调查阶段，还是在中期的数据整理分析阶段，抑或后期的成果展示阶段，都可以引入信息化手段。利用网络信息化手段，一方面提高了小组调查研究的效率，另一方面紧跟时代步伐，综合运用多种方式手段进行调查研究，同时充分发挥了当前信息化手段在调研过程中的辅助作用。

校内调研是一种了解当代青年状况的重要实践活动，通过校内调研，可以了解当代大学生在学习、社会交往、婚恋、就业、社会公德、遵守法律、日常消费及人格发展等方面的具体情况和存在的问题，在校内调研其他同学的同时也可以对照自己，发现自己在这些方面存在的问题和不足，进而加强学习，加强自律，不断提升自己、完善自己，服务社会。

在思想道德与法治的教学过程中，校内调研主要是以思想道德与法治所学理论知识为基础。青年大学生在思政课教师的专业指导之下，以调研的具体方法为手段，带领学生学习进行社会调查的基本步骤，了解在调查研究过程中应该掌握的基本方法，以及调查研究过程中的注意事项，经由实际的调查研究让学生将课堂所学与生活实际结合起来进行认识，透过现象，认识事物的本质和规律。下面以高职院校大学生的就业心理状况调查为例，简要介绍校内调研的组织与实施的具体流程，以帮助青年学生学会运用这一方法去认识学校、认识社会。

这里以高校大学生的就业心理调查为例，简要介绍校内调研的组织与实施的具体流程，以帮助青年学生学会运用这一方法去认识学校、认识社会。

（1）校内调研的基本流程

校内调研最基本的方法就是问卷调查法，而问卷调查绝不是学生自己坐在教室设计一份问卷，简单找一些同学填写一下、统计一下即可，而是必须遵循严密的调查步骤方能获得翔实的调查资料。此外，问卷调查只是校内调研的一个重要方法，但这一方法也不是万能的，也有其不足之处。所以要想全面了解某一个方面的情况，除了问卷调查法外还必须辅之以访谈法，通过深度访谈的方式去弥补因为问卷调查而难以获得的信息和资料，从而保证调研能够获取全方位的资料。

具体来看，进行问卷调查第一步要做的是进行探索性工作。所谓探索性工作就是通过相关文献回顾、校内实地考察、访问该领域的专家学者等步骤初步认识待研究的问题。例如，想要研究高校大学生的就业心理状况，需要先进行文献查阅和回顾，了解一下在此方面学者的研究成果的多与少、学者对此问题研究到什么程度了、对此问题的认识如何。在进行高校大学生就业心理方面的文献回顾时，我们发现当前学者对大学生就业方面的研究较多，但是专门针对高校大学生，特别是高校大学生的就业心理方面的研究并不是很多。而且，高校大学生的就业心理既包括高校大学生对自身各方面能力的评估，也包括他们对外在就业岗位、就业环境等方面的认知，还包括他们对于未来工作的态度、价值等方面。要在明确这些内容的基础上，再设计相应的调查问题。

校内调研的第二步即设计问卷初稿。设计问卷初稿是在前面进行探索性调查的基础上，通过设计相应的问题来了解被调查者在就业心理方面的真实情况。一般在设计问卷初稿时，可以采用卡片法或者框图法。卡片法就是在设计问卷时将每一个问题都分别记录在卡片上，然后再对卡片进行分类，删除重复或者相近的问题，删除可有可无的问题，并对剩余问题设计给出答案，然后再将不同类型的卡片按照一定的逻辑顺序进行排序，并将问题进行编号。至此，问卷初稿完成。以高校大学生就业心理状况调查为例，在设计问卷初稿时，学生可以先将自己想到的问题书写到卡片上；然后再对卡片进行分类，如哪些是高校大学生对于自身各方面能力的认识，哪些是对外在就业岗位、就业环境的认知，哪些是学生整体的就业态度、价值观；接下来为问题设计答案，同时答案要满足穷尽性和互斥性；最后再将这些问题进行排序。这样，关于高校大学生就业心理的初步问卷就形成了。

第三步即进行问卷试用和修改。问卷在设计完成后不宜立刻就进行大规模的调查，而是要将问卷发放给少数专家、学者进行主观的评价，同时还需要在小范围进行问卷试用。如在小范围发放不超过30份问卷，让学生进行填答，以期得到其较为客观的评价，同时及时发现问卷在哪些地方还存在不足和需要修改的地方。如果在发放问卷填答的过程中，不少学生发现部分问题的答案中没有自己可选的选项，即问题答案没有满足穷尽性，还有一些问题被调查的学生都没有进行填答，可能是因为问题的描述存在问题，导致被调查者无所适从，不知该如何作答，这类问题也需要进行修改。总体来看，在试用的基础上对问卷进行修改，主要就是对问卷的语言、提问方式、次序、问题数量、回答时间等方面进行具体的修改。

最后一步就是问卷的定稿和印制，即对已经修改好的问卷进行排版。要注意版面的设计、字体、行间距、整体外观等，使问卷整体来看整齐、醒目，有利于被调查者进行答题。然后才可以印刷问卷以备后续大规模发放使用。

（2）教师在校内调研中的职责

①校内调研活动的整体设计。调研活动是一个非常严谨缜密的工作，而青年学生又缺乏调研的专业训练，所以思政课教师必须根据课程教学大纲，并结合青年学生的实际情况设计调研的主题，并向学生讲授调研的具体步骤和程序，为学生提供一个较为明晰的调研设计框架和技术支持。

②调研活动的具体组织。调研活动是一个团队协作的工作，一个人无法完成，因此需要教师指导学生组建团队，以团队或者小组为单位开展调研活动。教师需要指导团队选出自己的领导者，做好团队成员的具体分工，帮助每个团队确定自己的调研主题和调研具体方案、调研工具方法的选择等，确保调研过程的顺利进行。

③指导调研报告的撰写和评阅调研报告。一份调研报告有它既定的格式要求和篇章结构，很多学生往往在调研过程中很认真，但在调研报告的撰写上却比较随意。因为他们不知道调研报告的撰写格式与要求，这就要求指导教师必须对学生进行调研报告撰写的培训与指导。同时，要对学生上交的调研报告进行认真审阅与仔细修改，并进行成绩的评定，最终帮助学生学会如何开展具体的调研活动，而且能够撰写规范完整的调研报告。

（3）学生在校内调研中的任务

①认真学习领会调研活动的总体要求。调查研究有自身的具体流程和规则，在开始具体的调查研究之前，学生需要认真学习这些规则与流程，并且领会调查研究的总体要求。唯有如此，方能保证整个调查研究向着正确的方向推进。

②确定调查研究的主题。调查研究主题的确定非常关键，主题选取不当，可能整个过程都是徒劳，没有任何调查研究的意义和价值。一个真正反映当前青年大学生学习、生活、思想、行为等各方面或者某方面情况的调研主题，或者反映当前高等职业院校相关情况的调研主题，才算是一个合格的调研主题。而且这个调研主题的确定，不应该是某个人的想法，而应该是整个小组集体智慧的结晶，同时也应该有教师的指导，这样才能真正挖掘一个有调研意义和价值的主题。

③开展调研，完成调研报告。从开展调查研究到最后调研报告的完成，一般限定时间为一个月。这一个月当中，7 天用来进行探索性调查和调查问卷的设计与完成，7 天用来进行校内实地调查，7 天用来进行调查数据的整理与分析，10 天用来进行调研报告的撰写。

2. 注意事项

校内调研是一个非常严谨的工作，也是一个小组成员分工配合、共同完成的工作。因此，在进行具体的校内调研过程中，对调研小组的成员有着较为严格的要求。

首先，要求小组成员严格按照进行社会调查的具体流程，来进行问卷的设计、发放及数据的整理与分析等，不能有文字抄袭、数据造假的现象发生，每一步都要真实进行，不能投机取巧走捷径，因为校内调查的结果反映的是本校在此方面的真实情况，调查结果不只是思政课校内社会实践的成果，同时也是本校具体情况的真实体现。

其次，校内调研必须是小组通力合作、共同完成的任务，而非一两个同学承担起全部工作，其他同学只是"搭便车"，不付出任何劳动，最后只是在小组成员表中挂个名而已。作为思政课的校内实践活动，不仅仅考查调查研究本身的结果，更为重要的是考查在调查研究的过程中学生在思想、道德及专业素养等方面的表现。

最后，校内调研的主题选取要与所在学校当前的建设或者关注重点相结合。校内调研本身是一个任务量很大、需要多方配合的工作。因此，调研不能仅仅是为了完成思政课的校内实践这一环节，而应该从更高的层面、更大的视角去思考和选择调研的具体主题，让调研的主题真正紧密地与高校、高校学生的实际相结合，反映出高校的某方面的具体情况，同时也为高校的建设和发展提供可资借鉴的数据资料与理论观点。

3. 教学总结

校内调研是一个很好的窗口，能让青年大学生经由自己的调查、研究，分析和把握当前在自己所在学校或相关群体中的某个方面的真实情况，这是青年大学生接触社会的一个有益通道和途径。很多学生在某方面存在一些不太理性的认知，而且还坚信自己的认知是对的，这往往对自身和团体都是无益的。而通过校内调研，学生可以跳出自己这一棵树或者自己身边这一小片树林，见到学校这个范围内的整片森林。这样有助于学生对高校全局、对高校学生整体有一个清晰的认识，而不是停留在自己原来比较狭隘的认识上，这也正是思政课提升青年大学生思想修养的初衷。青年大学生只有亲身经历了、了解了，并且通过精确的数据分析，才能对身边的大学生群体有一个全面、客观的评价，自己的思想才会更加理性，走出狭隘和偏激。

同时，校内调研也是一个在短时间内需要跟大量调查对象接触、交流的活动，非常能锻炼参与调研的学生的人际交往能力。比如，如何跟陌生的同学初次接触，如何说服不愿意配合调查的同学，如何引导同学在填答问卷时能足够认真、说出自己最真实的想法，如何在小组内部进行合理的分工、配合等，这些都是对参与校内调研活动的青年大学生的考验。只有在这些具体的环节中认真对待、细心学习，才能不断提升自己的思想认识，约束和调整自己的行为实践，进而提升自己的综合素养。

二、主题演讲

（一）主题演讲概述

当代青年学生普遍具有思想丰富、视野广阔、喜欢表达自我的特点，演讲无疑能够给他们提供一个表达自我、展现自我的平台，演讲这种形式长期以来也深受青年大学生的欢迎。其实，演讲不是空洞的说教，也不是社会现象的罗列，更不是人云亦云的老生常谈，而是要全面、彻底、充分地表达某一个观点，并且要让听者能够理解、明白你所表达的问题或者内容，所以演讲对演讲者的综合素养要求很高。它要求演讲者既要有清晰、敏捷的思路，伶俐的口齿，又要对讲述材料的本质内涵加以分析、概括、提炼、延伸，同时还要能够通过富有理性色彩的语言表达，渲染并激起听众的心理共鸣，将听者的思绪引向一个更为崇高的境界，使演讲的主题得以升华。在青春激昂的高校校园内，主题演讲无疑是一个能够有效激发学生参与热情的实践环节。

具体来说，主题演讲就是思政课教师根据思政课的教学需要，选取一定数量的青年学生感兴趣的、能够引发学生思考的问题或者观点作为演讲主题，在高校校园范围内广泛号召青年学生参与的演讲活动，例如在国庆节到来之际，在高校校园范围内开展"我与祖国共成长"的主题演讲活动，每一个青年学生都有自己独特的成长经历，同时每一个青年学生都是在中国改革开放繁荣富强的大环境中成长起来的，说起自己的祖国都能够侃侃而谈。而且在思政课堂上，特别是毛泽东思想和中国特色社会主义理论体系概论这门课上，教师讲授了很多近代以来中华民族抗争与探索的历史，学生在演讲的过程中可以有很多的史料引用，这也进一步巩固了学生在思政课堂上所学的知识。由此可见，主题演讲是思政课教学在高校校园内的一种拓展和延伸，它不但有效拓展了思政课的教学领域，而且锻炼了学生表达自我、展现自我的能力，丰富了青年大学生的校园生活，真正在高校校园内将青年大学生的课堂学习与校园生活有效地结合起来，是一种生动的校内实践教学形式。

（二）主题演讲实践的教学设计

主题演讲作为一种常见的校园实践教学方式，主要是以青年大学生的演讲为载体。演讲要紧紧围绕某一个主题展开，通过对该主题的阐述帮助青年大学生对该主题相关的知识点有进一步的认识。演讲的过程需要青年大学生认真收集、精心整理资料，努力分析和思辨问题，这本身就是青年大学生的一个自我教育的过程，同时也是对其理解能力、分析能力和表达能力的一次锻炼。演讲本身不是目的，而准备演讲过程中的一系列收集资料、分析资料和对资料进行总结升华的过程，才是真正锻炼青年大学生的过程，也正是主题演讲的目的所在。

1. 设计思路

在毛泽东思想和中国特色社会主义理论体系概论的《中国特色大国外交》这一章节的教学过程中，思政课教师不但要讲授新中国外交的发展历程，而且要讲授新中国外交的重要特征及其对中国和世界产生的积极影响。但有限的课堂讲授时间很难将这三个方面完整、透彻地讲清楚。众所周知，外交是一个国家实力的重要表征，必须让青年大学生对中国的外交尤其是在新时代处理复杂的大国关系上，中国外交所贡献的中国智慧有所理解。在讲授第十三章《中国特色大国外交》之时，可以组织学生开展以"厉害了我的国"为主题的主题演讲比赛。具体的设计思路如下所示：

（1）确定主题

"厉害了我的国"可以作为演讲比赛的总主题，给学生以方向的指引，但是具体演讲题目和内容只要围绕这一主题展开即可，给学生以最大的发挥空间。虽然"厉害了我的国"的主题演讲安排在第十三章《中国特色大国外交》的学习时间阶段，但是祖国的繁荣与日渐强大绝不仅仅是体现在外交这一个方面。所以，总的演讲主题之下，学生可以选择能够体现祖国繁荣与兴盛的各个方面进行阐释，而非仅仅局限于外交这一个方面。这样有助于学生从多个方面了解中国近些年的发展，增强其爱国的情感与道路自信、制度自信。

（2）组建团队

主题演讲看似个人行为，实则背后需要大量资料收集和演讲技巧训练，而且毛泽东思想和中国特色社会主义理论体系概论一般都是合班上课，即起码有两个班甚至更多的班级在一起上课，人数众多。对于合班上课的同学来说，可以组建若干个团队，团队成员最多10人，团队内部自行决定总主题之下的内容，分工合作，共同完成此次主题的演讲。演讲既是对本章中国大国外交的历程与成就的展示，又是对中国几十年发展成就的总结与回顾。

（3）演讲比赛

以团队为单位，抽签决定演讲顺序，演讲者的仪表仪态、演讲技巧、演讲内容及多媒体技术的运用等，都是影响演讲效果的重要因素，每个团队都需要严格按照演讲规则参与比赛。

（4）成绩评定

评委由教师和学生共同担任，人员数量为奇数，评委根据演讲者的整体表现做出成绩评定，如论据是否充分、论证是否彻底、逻辑思路是否清晰及演讲者的仪容仪表等。评委不但要给出每个演讲者最后的成绩，还要现场对演讲者的优点与不足给予点评，以期让参与这一环节的每个同学都能有所收获。

2. 注意事项

主题演讲的目的是通过演讲的方式，让青年大学生感受中国特色社会主义改革与建设的巨大成就，培养和建立对祖国的荣誉感和自豪感，增强青年大学生的爱国情感。因此，在准备主题演讲比赛时，思政课教师要引导学生意识到不能为了演讲而演讲。演讲不仅仅是为了比拼演讲的技能，而是应该在收集资料、准备演讲的过程中，全面了解中国改革与建设的巨大成就，在演讲的过程中感受和体验爱国的情感，进一步升华认识。

在学习《中国特色大国外交》的过程中，开展以"厉害了我的国"为主题的演讲比赛，很多学生会选择从中国的外交着手，展示新时代中国外交的巨大成就，却陷入了盲目的自信之中。对此，教师应该敏锐地察觉到这一点，同时以翔实的现实资料和科学的理论知识对其偏激和错误的观点进行修正，进而帮助学生以客观、理性的态度和视角去认识中国，认识新中国建交以来的外交政策与活动，真正从理性客观的视角去看待中国未来的发展。

3. 教学总结

主题演讲是思政课的校园实践教学形式之一，它理应比课堂实践教学的影响范围更为广泛。也正因为如此，应该对主题演讲参与者的范围进行调整，不应仅限于正在上毛泽东思想和中国特色社会主义理论体系概论的大一学生。不同年级的大学生对于这门课，以及演讲主题的理解程度、思考视角各不相同，只有更多的学生参与进来才能让更多的学生感受思政课校园实践教学的浓厚氛围，感受中国这些年改革与建设的成就，进而建立对祖国的深厚感情。

主题演讲表面看是一个人在台上演讲，实则背后是一个团队的努力。但是在具体校园实践教学环节中，主题演讲在某些团队中运行得却并不好，团队成员之间彼此缺乏信任，也缺乏应有的凝聚力，导致主题演讲成为演讲者一个人的事情，其他团队成员只是旁观者。如果演讲成功，团队全体成员都会跟着受益；如果演讲效果不好，也只是演讲者一个人的责任。这是主题演讲这一实践教学环节中应该特别重视的地方。无论是主题演讲，还是课堂辩论，都只是一种形式，其重点在于对形式背后的内容、主题的把握。因此，思政课首先是思想政治教育课，是以提高学生的思想素质和道德素质为目的的，而主题演讲中部分团队中出现的有功全上、有过都推，团队缺乏凝聚力的现象，与整个思政课的主旨显然格格不入。思政课教师应该先教会青年大学生如何做人，然后再引导其学习如何正确做事。

三、图书寻访

（一）图书寻访概述

书籍是人类进步的阶梯，它在赋予我们知识的同时，也在向我们传授生活的道理，当阅读成为一种习惯时，它就能够陪伴我们的一生，让我们受益终身。在过去，图书对于人们的意义重大，人们的知识也大多来源于书籍，"读万卷书，行万里路"这句名言就鲜明地体现了书籍与实践对于人类的重要性。当今时代是一个全媒体、信息化的时代，人们习惯了使用各种电子产品与电子媒介，每天都可以通过微博、微信、抖音、门户网站等各类电子媒介获取海量的信息和资讯，以至于很多人慢慢丢弃了看书的习惯。高校的青年大学生除了上课必须看的教科书之外，较少有人保留着每天读书或者定期读一本书的习惯，对此必须引起我们的重视。作为一名大学生，丢弃了读书的良好习惯，不仅对于学业有影响，而且对于未来的人生发展也是一大损失。图书寻访旨在通过一种贴近现实的方式重新燃起青年大学生读书的欲望和热情。

具体来说，图书寻访就是思政课教师为了重新唤起青年大学生看书、读书的热情，结合讲授的教学内容，充分利用高校图书馆丰富的图书资源，采用多种形式让一些对青年大学生人生发展、价值引领有促进作用的经典著作、名家名作能够在高校学生中流传开来，让更多的学生能够认真阅读这些经典，领会其中的内涵，而非仅仅知道名著的梗概甚至是仅仅知道名著的名字，但对内容完全陌生。同时，思政课教师还要结合当下青年大学生喜欢的内容题材为学生推荐一些优质的新书，也欢迎学生向教师、向学校图书馆推荐好书、新书，丰富学校图书馆的馆藏。因此，这种充分利用高校校内图书资源，激发青年大学生读书热情、培养学生读书习惯的实践教学形式，无疑是高校思政课校内实践教学的一种重要形式。

（二）教学设计

在当前自媒体、微媒体盛行的时代，人们大都习惯碎片化的阅读，在校的青年大学生也是如此。而事实上，碎片化的阅读固然有利于人们充分利用碎片化的时间，提高人们阅读的效率，但是也有其非常明显的缺点，那就是对知识的阐释和解读无法达到系统、深化，而且更多的是一种快速的、瞬间的记忆，而纸质书籍更适合人们对某一方面的知识进行反复的研读、记录等。众多微媒介的阅读也容易分散阅读者的注意力，表面看似涉猎很广，实则阅读比较浅显，甚至读后即忘，阅读效果不佳。高校也是高等教育的重要组成部分，而高等教育重要的特点就在于对某一方面知识的系统了解和掌握，进而能够将其熟练运用、服务社会。因此，在当前微媒体盛行而且微阅读日益成为人们的阅读习惯时，想要激发或者重新唤起青年大学生对于纸质书籍的兴趣并且重拾读纸媒的习惯，就必须采取一些有益的方式和手段。而高校开设的思政课程，尤其是思想道德与法治这门课，想要达到提升高校学生思想素养、道德素养和法律素养，仅仅靠教师课堂上的讲授显然是不够的，它需要青年大学生广泛阅读各类书籍，真正了解某个事实、某段历史或者某个人物，而不是通过微博、微信里读到的只言片语。例如，讲到青年大学生的理想、信念、责任与担当时，思政课教师总会讲到一些名人、伟人的故事，但是这些片段性质的资料很难勾勒一个鲜活的人物原型，因此它需要一个系统的知识和资料供给，以便青年大学生去感受和理解。

图书寻访可以充分利用学校图书馆的资源。在一些重点院校的图书馆可能会人满为患，而很多其他院校的图书馆往往比较冷清，很多去图书馆的同学也没有真正很好地利用图书馆的资源。思政课校内实践教学环节开设图书寻访可以利用实践教学激发和唤醒青年大学生对于图书阅读的兴趣，增加青年大学学生知识储备，提升青年大学生的思想道德和法律素养。

1. 教学设计思路

在思想道德与法治《坚定理想信念》和《弘扬中国精神》这两个章节的教学过程中，可以充分利用图书寻访这一实践教学环节，以"理想""信念""中国精神"为关键词，让学生到图书馆去查找相关的资料，并选取其中一本进行精读。读完之后，将自己的读书心得以书面的形式写下来，或者以 PPT 的形式图文并茂地呈现出来，同时选取几位同学在适当的时候进行读书分享。通过图书寻访这一环节引导学生多看书，在精心选择和精心阅读一本书之后，让学生对"理想""信念""中国精神"有一个系统、全面的认知和理解，懂得树立远大理想对于自身的重要性，理解坚定信念对于实现理想的重要性，明白"中国精神"不是一个简单的词汇，而是中华民族深厚的民族底蕴与精神的有机结合，进而真正将个人理想与社会理想结合起来，在实现社会理想的过程中实现自己的个人理想。

（1）选题目的

当代青年大学生在思想上的一个比较大的问题就是缺乏理想，更缺乏实现理想或者某一个目标的信念，甚至有少部分青年大学生缺乏青年人对于生活应有的热情和激情。当代青年大学生大都自小在父母无微不至的照料中长大，每个家庭无论富有与否，都在尽全力为孩子提供一个良好的物质生活环境。因此，很多青年大学生习惯于享受现有的一切，缺乏一种向上、向前的动力，对未来也缺乏应有的规划。显然，这种现象是很令人担心的。因此，必须通过各种途径与手段来激发学生对于未来、对于理想的再认识。在高校校园内开展图书寻访，让学生通过阅读思考自己、思考未来的人生规划，未尝不是一种好的方式。

当前，我们身处实现中华民族伟大复兴的宏大背景之下，每一个当代青年都肩负此重任，如果连"中国精神"都不甚了解，就更不要说弘扬"中国精神"了。设计图书寻访这一校内实践环节，就是要让青年大学生自己通过阅读书籍去了解、理解到底何谓"中国精神"，只有真正理了解"中国精神"的内涵，才能发自内心地去认同它、弘扬它，真正做一个有责任、有担当的当代新青年。

（2）实践要求

图书寻访表面看是学生去阅读、学习的活动，实际它并不是一个单向度的任务。在图书寻访的整个过程中，其实是思政课教师与学生双向持续互动的过程。

第一，思政课教师要对图书寻访实践环节进行精心的设计与准备。在讲授思想道德与法治的第二章《坚定理想信念》与第三章《弘扬中国精神》的过程中，要有针对性地安排图书寻访这一实践教学环节。比如，开列相关书目，让学生去图书馆借阅；给出检索关键词，让学生去图书馆检索、借阅；布置读书心得的书写规范和PPT的制作要求，以及分享展示的具体要求。图书寻访不仅是让每一个学生自己完成阅读，同时还要让同学们彼此分享阅读的心得体会，让好的图书影响更多的青年大学生，促进青年大学生的成长、成才。

第二，学生认真对待此实践教学环节，并且积极完成相关实践任务。比如，选择书目要与思想道德与法治的第二章与第三章内容密切相关；认真阅读自己选择的书目，精读并做好读书笔记，而不能像阅读手机、网站上面的文章那般仅仅是走马观花、快速浏览；既要自己在阅读过程中有所感悟，同时也要将领会的思想精髓以一种完整、立体的方式呈现出来，与更多的同学分享，共同成长。

第三，图书馆馆藏图书是学校的宝贵资源，阅读时必须妥善保管。书少而借阅者众，所以必须整合利用，不能长期占据，浪费有限的图书资源。虽然不同的教师教不同的班级，但是思政课整体的教学进度是大体一致的。因此，在思政课开展图书寻访的实践教学期间，到图书馆借阅书籍的学生会比较多，这就需要学生个体不但要完成具体的校内实践教学任务，阅读好的书目，而且还要注重自己在公共场合的言行，懂得保护学校的图书资源，在规定的时间内借阅，不超期、不损毁图书。同时也要求借阅的学生作为一个群体，要懂得整合资源、合理利用资源，真正让好的图书流动起来，提高图书的借阅率，让更多的同学能够阅读到好书，让学校的图书资源充分发挥作用和价值。

（3）活动评价

每一位同学必须完成一篇书面的阅读心得体会。如果多位同学阅读的是同一本书，可以彼此分享阅读的感受，让大家从不同的视角去看这本书，去体会作者传递给读者的信息。

如果时间允许，学生可以制作 PPT，将书中的经典语段，以及读书过程中自己的感受与体会融入 PPT 中，图文并茂，以更为生动、直观的形式呈现给大家，让更多同学能够了解该书的思想和内容。

作为思政课的重要组成部分，学生读书撰写的心得体会切忌抄袭，一经发现，按照未完成实践环节处理。

教师根据学生阅读、分享、撰写、制作等多方面的表现，进行综合评定，最后给予学生此实践教学环节的成绩。

2. 注意事项

图书寻访实践教学环节的设置目的是要把广大青年大学生从碎片化的阅读中解放出来，以实践教学这一必修环节要求学生认认真真阅读一本书，重拾阅读的习惯，体会阅读的乐趣。要求青年大学生不但要阅读，而且还要通过阅读真正有所感悟和体会。

教师一定要注意把握好开列书目的质量，确保开列的书目是当代大学生比较感兴趣的，是真正对学生有益的，同时也是与学生目前所学思想政治课的教学内容紧密结合的。思政课教师还要让学生明了为什么要阅读这本书，知其然并知其所以然，使学生的阅读更具目的性，而不是盲目地阅读，或者为了完成阅读而阅读。

对于那些未选择教师开列书目中的图书而是自行选择图书阅读的同学，负责指导的思政课教师应该及时与学生沟通，了解学生所选阅读书目的内容，防止出现选书不当的现象，或者引导学生从某一个或几个视角来阅读该书，真正让学生的阅读有所收获。

要想让学生有深入细致的阅读，必须给学生足够的阅读时间。同时，思政课实践教学环节的图书寻访因为涉及第二章和第三章两个章节，因此，一般教师会给学生留出一个月的时间来认真阅读、精细阅读，以保证阅读的质量。

3. 教学总结

图书寻访，一方面是为了引导学生在抖音、小视频等微媒体、碎片化阅读的时代能够就某一个方面或者领域进行深入、系统的阅读；另一方面是为了充分利用高校丰富的图书馆资源。最为重要的是让青年学生经由细致的阅读，能够真正在内心有所触动、反思，学会思考自己的人生规划、社会的未来发展、国家的强大、民族的复兴等，逐渐走出泛娱乐化的困境，勇于进行自我反思、勇于担当时代重任。

在进行图书寻访这一环节时，时不时会发现有学生并没有认真、完整地去阅读某一本书，而是粗略看了一下，然后在网络上搜索一些关于此书的书评或者读书笔记来完成自己的读书心得体会情况，这是非常不好的一种现象，也是一种不诚信的表现。思想道德与法治最主要的目的就是培养学生思想道德素养和法律素养，因此，这种行为是绝对不应该出现的,一旦出现此种行为,要有惩罚措施。"图书寻访"实践教学环节的质量就会大打折扣。因此,在思政课的实践教学过程中,必要的引导、认真的指导与明确的奖惩应该有机的结合。

图书寻访除了教师指定学生阅读的某些书目外,更为重要的是通过这一环节,让青年大学生养成彼此分享好书的习惯,学生之间本身就有很多共同的兴趣和观点,分享的图书也容易引起其他同学的兴趣。此外,优秀的图书有很多,每个人的时间和精力都是有限的,通过彼此的分享可以让学生省去寻找和选择图书的时间,有更多的时间去细细品味和阅读图书,丰富自己的思想,提升自己的品位。

四、校园文化节

(一) 校园文化节概述

1. 校园文化节的含义

高等院校云集了来自全国各地的大学生,他们兴趣广泛且多才多艺,因此,高等院校的校园文化向来类型多样、丰富多彩,这也为大学生发挥和施展自己的才干提供了广阔的舞台。校园文化的丰富性体现在其既有与大学生学习密切相关的文化活动,如各领域的技能竞赛等;又有与大学生兴趣爱好关系密切的文化活动,如舞蹈、民乐演奏等;还有紧密结合时代特色的网络相关活动,如"××大学最美志愿者网络评选活动"等。党中央、国务院长期以来非常重视大学生文化节的建设,注重充分发挥大学校园文化的育人功能,不断引导大学生积极参与和谐校园文化的建设,在建设和推广校园文化的过程中促进当代大学生的全面发展,展示高等院校在素质教育方面的显著成果。在影响和改变人的思想和观念方面,恐怕没有任何一种形式能够比文化这一形式更加深刻且细腻地发挥其作用了,文化往往以一种"润物细无声"的方式在潜移默化中影响和改变着人们。身处高校校园的青年大学生每日浸润于校园文化的熏陶之中,自己在不知不觉中也有了改变,而很多时候学生自己却浑然不觉。因此,我们应该充分利用文化及与文化密切相关的形式和载体来影响和改变学生。

具体来说,校园文化节就是为了实现在潜移默化中影响和改变高校青年大学生的世界观、人生观和价值观。思政课教师及高校学生工作部门、团委多方协同在高校校园内推进校园文化节的建设,其中学生工作部门主要负责学生的培训与管理,团委主要负责学生文化社团的组织,思政课教师主要负责文化节主题的确定及学生社团活动的指导与提升。校园文化节的文化活动丰富多彩、形式各异,也正是因为丰富多样,很容易落入俗套,没有思想内涵;文化节的主旨不是单纯让大学生热闹一番而已,而是要借由校园文化节中贴合大学生实际的各类活动，引发学生对于人性、社会和国家、民族的思考。与此同时，在思政课教师的指导下，学生能够意识到自己身上肩负的责任与重担，进而通过社团活动去进一步影响和改变周边的同学，从而达到改变高等院校校园文化环境和氛围，并使其更富思想性的目的。

2.高校校园文化建设的重要性

（1）培养青年人才精神独立

不同于以往，当代大学生受家庭因素、经济条件，以及网络环境等多方面要素影响，精神世界较匮乏，不具备良好的独立人格素养，容易被不良社会信息所左右。针对当前大学生，加强当代高校校园文化建设，提高校园建设环境契合度及学生认可度，对培养高素质人才精神独立意识及丰富精神世界，具有不可替代的重要作用。

（2）构建高校和谐教育环境

校园文化建设主旨不局限于利用校园文化形成良好的校园管理导向，其本质是运用校园文化极强的感染力，帮助学生、教员、领导层产生自我约束，并如此往复推动高校教育工作的良性循环。因此，构建高校和谐教育发展环境，确保高校教育工作推进的自主性，才是高校校园文化建设的重要根本。

（二）教学设计

大学校园不但是青年大学生学习知识、增长才干的地方，也是其提升文化道德修养与综合素质的重要场域。校园生活的浸染、校园文化的熏陶，在潜移默化中改变和影响着大学校园内的每一位学子。校园文化节是高校校园内一项非常重要的活动，它能将校园内很多不同的部门调动起来，同时也能给青年大学生提供很多展示自己、学习他人、团结互助的机会。校园文化节可以一年举办一次，也可以一年举办几次，既有某一主题的系列活动，也有不同主题的活动。总之，无论是哪类活动，都是在我国社会主义核心价值观的指引下，在广泛收集青年大学生意愿的基础上开展的，旨在通过一系列的校园文化活动激发学生的参与热情，提升学生的文化素养。

作为思政课校园实践教学环节的重要组成部分之一，校园文化节往往紧密结合本校的实际、本校学生的实际，以及思政课实践教学的主旨展开。例如，很多高校思政课校园实践教学环节的校园文化节，都曾经选择弘扬传统文化、弘扬传统美德作为主题，在这一主题的指引下，青年大学生从不同角度来诠释、演绎传统文化，让更多的人对传统文化有了更新的认识、更深刻的体会。如学习法律专业的学生，从中国法律的历史渊源出发，以生动的方式展现不同时代的法律沿革与演进，让很多非法律专业的学生对中国法律有了新的认识；而学习电脑艺术设计专业的学生则利用自己的专业特长，将中国许多优秀的传统文化知识，如孝文化，以动画或者其他艺术设计的方式展现出来，既形象又生动；还有很多青年大学生以经典诵读、歌舞、器乐演奏等方式来向其他同学展示中国传统文化、传统道德的魅力。校园文化节以一种轻松愉悦、青年学生喜闻乐见的方式将思政课上想要传递给学生的思想、理念如春风化雨般渗透到学生的心里，意义非凡。

1. 设计思路

思想道德与法治《明大德、守公德、严私德》这一章节涵盖面非常广，既涉及个人品德，又涉及家庭美德、职业道德，还涉及社会公德，而这些正是一个人的立身之本，一个国家、社会的安定之本。这一章的重要性自然不言而喻，仅仅通过课堂讲授或者课堂上的某些实践教学环节，显然还不能真正将第五章的内容完全且深刻地印到学生的头脑当中。校园文化节以校园为载体，以文化为内涵，通过多种形式的活动参与，引导学生在参与校园文化活动的过程中深刻感受中华传统文化的博大精深，感受中华传统美德的无穷魅力。进而在传统美德的引领下懂得道德的重要性。感受和体会美德固然重要，但是身体力行去践行传统美德才是真谛，因此，大学生要在今后的生活、工作中真正去践行和弘扬中华传统美德。

（1）主题确定

校园文化节的主题直接决定着整个文化节筹备、运营方向，以及人员、场地、设施的安排，基于思想道德与法治第五章《明大德、守公德、严私德》的学习内容，可以选择一期主题为"弘扬中华传统美德"的校园文化节。主题的确定就意味着这一期校园文化节都是紧紧围绕中华传统美德展开的，旨在通过各种类型的文化活动让大学校园内的青年大学生从不同角度感受、理解中华传统美德，用自己的行动去弘扬中华传统美德，进而在现实生活中深刻践行中华传统美德。

（2）内容确定

中华传统美德的内涵极为丰富，既然选择了"弘扬中华传统美德"作为校园文化节的主题，就应该在文化节的活动内容中尽可能涵盖多的传统美德内容，如传统孝文化、传统礼仪、传统家庭美德、传统职业道德、优良个人品德等。校园文化节中可以不同的活动形式将上述内容呈现出来，如经典诵读、传统歌舞、器乐演奏、舞台表演、书法绘画展等，彰显传统美德持久的生命力和无限魅力，让更多的青年大学生了解中华传统文化，弘扬中华传统美德。

（3）部门职责分工

校园文化节是一个大型的、综合性活动，仅仅依靠思政课的几位教师是无法完成的，需要高校多部门的通力协作，学生处、校团委、各个院系、学生社团等都是整个校园文化节有序进行的坚强保障。由于活动是以"弘扬中华传统美德"为主题，所以要求思政课教师要先对中华传统美德的大概内容进行框定，如将传统美德分为几个组成部分，这样各个相关部门、社团可以根据自身的特点和特长选取其中之一进行筹备和组织。

2. 注意事项

校园文化节是一个整体性活动，是各个部门、团体组织共同协作的结果。因此，整个校园文化节从预先筹备到具体的活动组织再到奖项的设置与评选，都需要团队的协作，不能单纯依靠一个人或者几个人来完成。

校园文化节中有一部分评比活动，评比的过程中评委务必做到公平、公正、公开，真正创造一个公平透明的竞争环境，让青年大学生不但能够享受比赛的乐趣，更能深刻感知和体会公平带来的乐趣。

除去个人展示、评比的活动，班级应该是校园文化节参与的基本单位，以弘扬传统美德为主题的校园文化节更应该是班级团结协作、凝聚力量的最佳展示平台。与此同时，在参与校园文化节的活动过程中，要让班级学生感受团队协作的力量与重要性，让学生体会个人与集体之间密不可分的关系。

校园文化节是一个展示学生才艺、促进学生发展的平台和载体，学校及其相关部门作为校园文化节的组织者应该设计更多的环节，让有不同特长的学生都有展示自己的机会。同时也能有机会向其他人学习，增长自己的才干，提升自己的审美情趣，做一个真正有文化之人。

3. 教学总结

校园文化节的主题应该贯穿整个活动的过程中，让参与活动的青年大学生随时随地、每时每刻都能感受到校园文化节所要传递的信息，让青年大学生在轻松愉悦中感受校园文化的魅力，不断融入校园文化之中，真正成为优秀校园文化的践行者和代言人。

校园文化节是一个考验学校各部门之间及师生间团结协作的大型活动，不仅需要学校教师的努力，而且需要教师与教师、教师与学生、学生与学生之间的通力协作。校园文化节既是展示校园特有文化的平台，也是不断创造新的校园文化、发挥校园文化凝聚力的平台，还是将校园文化渗透到青年大学生头脑、行为的重要载体。因此，不能把校园文化节狭隘地理解为某个时间段的具体活动，而应该是持久校园文化的阶段性展现，让高校青年大学生能够持久浸润于良好的文化氛围中，不断充实自己、提升自己。

"文化"二字不仅仅是知识层面的外在表现，更是根植于内心的修养、无须提醒的自觉和为他人着想的善良。校园文化节更深层次的目的在于，经由持续、经常性的文化活动，让青年大学生接近传统文化、传统美德，做一个真正的文化人、品德高尚的人。

五、课外作业

要想让学生对于某些知识点的理解和掌握比较扎实，仅仅依靠课堂上有限时间内的教师讲授显然是不够的，还需要学生在课堂之外勤加思考和练习。课堂之外一般学生的时间都比较充裕，而且身处高校，最大的资源优势就是学校的图书馆。当前高校图书馆的馆藏资源都非常丰富，再加上现代社会互联网技术非常发达，学生可以借助很多媒介来查找、阅读相关文献或者历史资料。在查找阅读的同时也锻炼了学生对海量资讯甄别、选择的能力。因为互联网虽然可以给人提供海量的资讯和信息，但其中信息有真有假、良莠难辨，需要学生进行去粗取精、去伪存真，从而获得真正有用的资料。

具体来说，课外作业就是思政课教师根据教学所需，结合学生在课堂上对某些知识点或者理论的掌握程度，有针对性地设计一些思考或者实操性的作业，让学生在课堂之外完成。需要注意的是，课外作业不应该停留在思政课教材中某个具体知识点的背诵与读写上，而应该是源于教材而又高于教材，是在能够将教材内容与个人生活、家庭、社会乃至国家相联系的具体问题的思考与实践上。面对这种类型的课后作业，学生往往难以在互联网上查询到直接的答案，而是需要在查找资料的基础上，自己去思考、去建构、去实践，真正经由自己的付出与努力获得答案。思政课的这种校园实践教学方式也是检验学生对课堂所学知识、理论掌握程度，以及理论联系实际的一种非常好的方式。

第四章 新时代高校思想政治理论课教学改革

第一节 新时代高校思想政治理论课教学改革创新的指导依据

高校思想政治理论课教学改革创新，要在高校思想政治理论课教学改革创新目标的指导下，立足高校思想政治理论课，以高校思想政治理论课的课程性质、重要功能和基本特点为指导依据来开展。

一、高校思想政治理论课的课程性质

高校思想政治理论课的性质，就是高校思想政治理论课自身具有的本质规定性，高校思想政治理论课具有自身的特点，这也是高校思想政治理论课教学改革创新的立足点。高校思想政治理论课作为一种课程，除了具有一般课程的本质属性外，还具有自身独特的质的规定性。《中共中央、国务院关于进一步加强和改进大学生思想政治教育的意见》明确指出："高等学校思想政治理论课是大学生思想政治教育的主渠道。思想政治理论课是大学生的必修课，是帮助大学生树立正确世界观、人生观、价值观的重要途径，体现了社会主义大学的本质要求。"由此可见，高校思想政治理论课具有以下特点：高校是大学生的必修课程，是对大学生进行政治理论教育、思想品德观念教育等方面教育的必修课程，其教学成效的取得要注重理论与实际相结合。

一方面，高校思想政治理论课是对大学生进行政治和理论教育的必修课程。高校思想政治理论课是由国家统一制定和实施的，是每个学生的必修公共基础课。高校思想政治理论课的内容是体现无产阶级和广大人民群众意志，反映马克思主义意识形态要求，反映社会主义核心价值观要求，是由国家统一设立的，由国家统一制定教学基本要求，编写统一教材，对课程的检查和评估也遵循国家统一制定的指标的课程。高校思想政治理论课具有自身的特殊性，是同其他哲学社会科学和其他课程有区别的课程。高校思想政治理论课是一门事关大学生的政治方向性的课程，是一门政治教育课程，体现了社会主义大学的本质特征。高校思想政治理论课是每位大学生的必修课程，但又区别于其他必修课程。高校对大学生思想政治教育的有效进行，关系到社会主义的建设者和接班人的培养，关系到党和

国家的前途和命运。

另一方面，高校思想政治理论课是培养大学生思想品德、价值观念的必修课程。高校思想政治理论课体现了社会主义大学的本质特征和要求，是一门对大学生进行思想、政治和道德教育的德育课程，在于通过课程教育来培养我国社会主义合格建设者和可靠接班人。思想政治理论课的主要任务是对学生进行马克思主义理论和思想政治教育，引导大学生树立正确的世界观、人生观、价值观，在于促进大学生思想政治素质的提升。高校思想政治理论课对大学生进行的马克思主义理论教育和思想品德教育不是一般意义上的单纯的科学文化教育，而是通过这些理论知识的教育来培养大学生正确的思想道德观念。高校思想政治理论课是一种专门的思想教育和品德教育，其根本目的在于使大学生树立科学的世界观、人生观、价值观和道德观。高校思想政治理论课的教育教学中不是把马克思主义和思想品德方面的理论知识当作一般的知识来学习，而是希望通过马克思主义相关理论的学习教育引导大学生树立科学的世界观，掌握科学的方法论，教育要引导大学生树立以社会主义集体主义为核心的人生观和价值观，同时能够自觉地将所学知识运用到实践中去分析问题和解决问题。高等学校思想政治理论课是大学生思想政治教育的主渠道，是帮助大学生树立正确世界观、人生观、价值观、道德观的重要途径，这是对高校思想政治理论课的性质的准确定位，也是高校思想政治理论课教学改革创新的依据之一。同时，高校思想政治理论课是一门注重理论与实际相结合的课程。

高校思想政治理是论课通过课堂教学的方式对大学生进行马克思主义理论和思想政治教育的课程，旨在教育大学生掌握马克思主义相关理论知识，提升自身思想道德素质。要教育引导大学生在理论知识学习的基础上，把知识内化成自身的思想道德素质，并外化为自身的行为和行为习惯，并在学习生活中学以致用。高校思想政治理论课具有很强的实践性，是理论与实际联系紧密的课程。高校思想政治理论课是一个知、情、意、行的完整过程，不仅仅是学习单一的专业知识，更是知识能力、素质水平的综合提升，而且要在行动实践中加以运用，其课程教学成效的发挥需要理论和实践的紧密结合。

二、高校思想政治理论课的重要功能

高校思想政治理论课的功能，指的是高校思想政治理论课所具有的效能和重要的社会作用。作为实现立德树人目标的关键课程，高校思想政治理论课是开展大学生思想政治教育的主渠道，具有自身特定的教学内容，具有自身的作用和效能，对于大学生的教育培养起到了十分重要的作用。高校思想政治理论课教学改革创新要注重充分发挥思想政治理论课的功能，这样才能提升高校思想政治理论课教学实效性。高校思想政治理论课的功能主要包括以下三个方面：

（一）高校思想政治理论课具有导向功能

高校思想政治理论课自身独特的性质决定其具有导向功能，主要指的是政治上、思想上和行为上的导向。高校思想政治理论课作为思想政治教育的主渠道，其导向功能是由思想政治教育的目的性和方向性所决定的，体现了马克思主义理论体系和无产阶级意识形态的特征。高校思想政治理论课教学，除了要通过教学培养大学生掌握马克思主义理论相关知识，更重要的是教育引导大学生用马克思主义相关理论作为指导，树立正确的世界观、人生观和价值观，树立马克思主义的信念、信仰并在行动中坚持和发展马克思主义。

高校思想政治理论课教学的开展，主要是引导大学生坚定政治立场，培养大学生树立理想信念。高校思想政治理论课对于大学生确立社会主义和共产主义的信念，树立为中国特色社会主义而奋斗的崇高理想具有重要的引导作用。高校思想政治理论课能够在政治上、思想上、行为上对大学生进行正确引导，能够引导大学生坚定正确的政治立场、树立正确的理想信念、选择正确的行为方式。

（二）高校思想政治理论课具有保障功能

高校开展思想政治教育的目的首先是要培养符合党和国家发展要求的建设者和接班人，而高校思想政治理论课是开展大学生思想政治教育的主渠道。马克思在关于国家发展的学说中指出，无产阶级通过革命建立起国家政权，在此基础上对人民群众进行社会主义的文化和政治教育以加强人民群众对国家政权的认可和拥护。高校思想政治理论课主要是通过思想政治理论课教学的开展，培养大学生树立正确的思想道德观念，并在行动上坚持正确的行为导向，为实现社会主义共同理想和共产主义远大理想而奋斗。

高校思想政治理论课是进行大学生思想政治教育的重要途径，具有十分重要的政治保障功能。通过高校思想政治理论课教学，可以教育引导广大青年学生坚定政治立场、树立理想信念、选择正确行为，为广大人民的根本利益而服务。高校思想政治理论课教学，为党和国家培养具有坚定政治立场和理想信念的社会主义建设者和接班人，具有政治保障功能。同时，新时代高校思想政治理论课教学也强调为大学生个人的成长成才和全面发展服务，为他们能最大限度地实现自身的社会价值和人生价值服务。通过高校思想政治理论课教学，在知识上、思想上等方面促进大学生综合素质的提升，促进个人成长成才，引导大学生实现人生价值。

(三) 高校思想政治理论课具有人才培养功能

高校思想政治理论课具有人才培养功能，体现了思想政治教育的阶级性和政治性，也体现了高校人才素质提升的重要性。

学校应当把正确的政治方向放在第一位。高校思想政治理论课的育人功能，就是要通过高校思想政治理论课，确保教育的政治方向，使大学生成为中国特色社会主义事业的合格建设者和可靠接班人。通过高校思想政治理论课教学，达到提高大学生政治觉悟和思想认识水平的最终目的。

一方面，通过高校思想政治理论课教学，提高大学生的思想水平和认识能力。高校思想政治理论课教导学生的是马克思主义相关理论和思想道德方面的知识，教育引导学生掌握和运用这些知识去指导自身行动、改造外部世界。

另一方面，通过高校思想政治理论课教学，提高大学生综合素质。只有高校思想政治理论课教学真正坚持以马克思列宁主义、毛泽东思想、邓小平理论、"三个代表"重要思想、科学发展观和习近平新时代中国特色社会主义思想为指导，坚持中国特色社会主义道路和制度，以社会主义核心价值观为引领，坚持社会主义大方向，抵制各种错误思潮，才能培养大学生坚定正确政治立场、坚定理想信念，以科学的世界观、方法论武装头脑，指导行为。在此基础上，有了正确的指导思想，就会有正确的行为选择。通过高校思想政治理论课学习，大学生的自身专业能力等各方面综合素质也会得到提升。

三、高校思想政治理论课教学的基本特点

高校思想政治理论课具有自身的特点，这是由高校思想政治理论课教学的性质、地位和作用、功能等方面所决定的。高校思想政治理论课教学在高校思想政治教育工作中具有特殊的地位和作用。高校思想政治理论课教学与其他各门课程的教学相比，既有共同点和相似之处，更有自己的特点。

(一) 高校思想政治理论课教学具有政治性

高校思想政治理论课主要是教育引导大学生掌握马克思主义立场、观点和方法，树立正确的世界观、人生观和价值观，坚定中国特色社会主义的共同理想和信念，培养大学生运用马克思主义基本立场、观点和方法分析问题、解决问题的能力，培养大学生成为有理想、有道德、有文化、有纪律的社会主义现代化事业的建设者和接班人。新时代高校思想

政治理论课教学成效的高低，直接影响着大学生政治思想素质和道德素质的高低，关系到社会主义的前途和命运。高校思想政治理论课教学的政治性是马克思主义理论鲜明阶级性的体现和内在要求，高校思想政治理论课教学要始终体现这一特性。同时，马克思主义理论也是不断发展的理论，中国特色社会主义理论体系是马列主义基本原理同当代中国实践相结合的产物，是当代中国的马克思主义。新时代，随着马克思主义的不断充实发展，高校思想政治理论课的教学内容也需要不断更新、充实和完善。高校思想政治理论课教学要及时体现和充分反映马克思主义在理论和实践上的重大发展和突破，充分反映现实国际国内形势的发展变化，紧扣党和国家的重大方针政策和战略决策，要体现时代的特征和社会的不断进步与发展。

（二）高校思想政治理论课教学具有科学性

高校思想政治理论课教学具有科学性的特点，这是由马克思主义理论本身的科学性特点所决定的，也是由高校思想政治理论课教学特点所决定的。一方面，高校思想政治理论课教学内容具有科学性。高校思想政治理论课内容是一脉相承的、系统完整的、科学的理论体系。它们是我们认识世界和改造世界的强大思想武器，揭示了自然界、思维和人类社会政治、经济、文化、社会、生态等诸多领域事物发展的客观规律。高校思想政治理论课教学是系统讲授马克思主义的基本知识，传授马克思主义基本立场、观点和方法的课程，在开展教学过程中，要注重讲授马克思主义世界观、人生观、价值观。针对大学生普遍关心和生活中遇到的重大理论和实践问题，教育引导大学生成长成才。另一方面，高校思想政治理论课教学方法具有科学性。高校思想政治理论课的科学性要求高校在开展思想政治理论课教学的过程中，要注重教学方法的科学有效的选取，要注重结合教学规律运用教学艺术，将马克思主义相关理论知识有效地教授给大学生。只有把握高校思想政治理论课教学方法的科学性，才能真正实现思想政治理论课教育教学的根本目的。

（三）高校思想政治理论课教学具有实践性

高校思想政治理论课教学注重培养学生掌握马克思主义理论相关知识，注重教育引导学生学以致用，将正确的思想运用到实践中。高校思想政治理论课不同于其他一般教育课程，其教育教学过程具有实践性。

一方面，高校思想政治理论课的教学内容具有实践性。高校思想政治理论课内容主要体现了国际国内形势发展特点和要求，反映当代社会实践情况。高校思想政治理论课教师要深入社会实践，主动掌握当前国际国内社会发展情况特点，提升自我知识结构水平，不断丰富教学内容，结合现实情况从理论和实践结合的角度进行教学。另一方面，高校思想政治理论课教学具有教学方法的实践性。高校思想政治理论课教学要同实践性环节相结合，引导学生在理论学习的基础上提高科学文化素质与思想道德素质，并深入实践，践行正确思想道德观念。高校思想政治理论课教学要注重把大学生的社会实践活动纳入教学中来，有组织、有计划地开展丰富多彩的社会实践活动，让大学生到改革开放的实践中去参观、考察，从事社会调查、志愿者服务等活动，在实践中学会理论联系实际，学以致用。

高校思想政治理论课教学改革只有在正确认识和把握了高校思想政治理论课教育教学特点的基础上才能更好地开展。

第二节　新时代高校思想政治理论课教学改革创新的基本原则

一、坚持党的领导

高校思想政治理论课承担着对大学生进行系统的马克思主义理论教育和开展党的基本政策等方面教育的任务，目的在于培养中国特色社会主义事业的合格建设者和可靠接班人。在高校思想政治理论课教学改革创新过程中要坚持党的领导。高校思想政治理论课教学以马克思主义和马克思主义中国化最新理论成果为指导，在全球化、信息化的新时代面临各种冲击和挑战，特别是思想领域中的挑战。高校思想政治理论课教学改革创新必须坚持党的领导，站稳政治立场，明确政治方向，这是高校进行思想政治理论课教学改革创新必须坚持的首要原则。党的百年历史成就也告诉我们，只有坚持中国共产党的领导，才能发展好社会主义各项事业。党的领导是新时代高校思想政治理论课教学改革创新的重要保证，为高校思想政治理论课教学改革指明了方向。高校思想政治理论课教学改革创新，必须在党的领导下积极拓展教学改革的格局，在党的领导下开展各项工作。

第一，高校思想政治理论课教学改革创新，必须在党的宏观组织协调下开展。高校思想政治理论课教学改革创新，需要党和国家从宏观上的组织协调和保障，积极营造合理有效、互助配合的教学改革良好氛围，要时刻坚持党的领导。要在党委统一领导、党政齐抓共管、有关部门各负其责、全社会协同配合的总体工作部署中，大力推动形成各个部门、各门课程、各个环节的育人合力，把思想政治教育贯穿高校教学的全过程，实现全员、全程、全方位育人的大格局，继而推动形成全党、全社会支持配合高校思想政治理论课教学改革创新，广大师生积极上好思政课的良好氛围。

第二，高校思想政治理论课教学改革创新，必须在党的领导下组建一支强大的工作队伍。高校思想政治理论课的教学改革创新需要发挥教学改革工作队伍的重要作用。要在党的统一领导下严把质量观，配齐建强思想政治理论课教师队伍。高校思想政治理论课教师队伍要以政治素养为统领，同时，各级党委还要统筹规划，推进包括地方党政领导干部、社科理论界专家、高校党委书记（校长）、院（系）党政负责人以及日常思想政治教育骨干等人员队伍建设，协调多方力量共同讲好"思政课"，共同支持与配合思想政治理论课教学改革。

第三，高校思想政治理论课教学改革创新，必须发挥各级党委的领导主体责任。党委要保证高校正确办学方向，掌握高校思想政治工作主导权，保证高校始终成为培养社会主义事业建设者和接班人的坚强阵地。各级党委要把高校思想政治工作摆在重要位置，加强领导和指导，形成党委统一领导、各部门各方面齐抓共管的工作格局。在高校思想政治理论课教学改革创新过程中，要明确高校党委的主体责任。高校党委要全面领导高校思政课教学工作，把方向、管大局，坚持高校意识形态工作第一线，确保思想政治理论课教学改革的顺利进行。只有在党的领导部署下，高校思想政治理论课教学改革创新才能取得成功。高校思想政治理论课改革创新过程中，要加强党的领导，切实发挥党的领导作用。在这方面，党中央负责高校思想政治理论课的顶层设计，地方各级各层党委负责政策落实，承担起工作职责和主体责任；高校党委则须组织推进形成高校党委书记、校长带头抓思想政治理论课的工作机制，负责落实党中央和各级政府关于思想政治理论课教学改革创新的各项政策，统筹利用校内外教育教学资源，全面负责高校的思想政治理论课教学改革创新工作。

二、遵循"八个相统一"要求

推进思想政治理论课改革创新，必须坚持政治性和学理性相统一、价值性和知识性相统一、建设性和批判性相统一、理论性和实践性相统一、统一性和多样性相统一、主导性和主体性相统一、灌输性和启发性相统一、显性教育和隐性教育相统一。"八个相统一"是对高校思想政治理论课历史发展所形成的一系列规律性认识和成功经验的理性升华与一般概括，是新时代高校思想政治理论课内涵式发展的重要原则。高校思想政治理论课是一门集政治教育、思想教育与品德教育于一身的课程，具有极强的实用性。新时代提升高校思想政治理论课改革创新的实效性，必须坚持"八个相统一"基本原则。

（一）坚持政治性和学理性相统一

要坚持政治性和学理性相统一，以透彻的学理分析回应学生，以彻底的思想理论说服学生，用真理的强大力量引导学生。高校思想政治理论课教学改革创新必须坚持政治性与学理性相统一的原则，这是首要坚持的基本原则。坚持政治性和学理性相统一是由社会主义的办学方向和思想政治理论课的课程性质所决定的，体现为通过政治表达学理，通过学理展现政治。高校思想政治理论课教学改革创新，必须将政治话语转换为学术话语，将政治学理化，将理论政治化。高校思想政治理论课是党和国家开展思想政治工作的重要阵地，主要是对马克思主义及其指导下的社会主义意识形态进行宣传与教育的课程，其教学成效的优劣事关社会主义未来建设者和接班人的培养，事关党和国家的根本利益，必须坚持"政治性与学理性相统一"的基本原则。只有将政治性和学理性统一起来，高校思想政治理论课教学成效才能得到切实提升。

1.坚持政治性和学理性相统一的内涵要求

第一，坚持"政治性"即坚持马克思主义的指导地位、坚持社会主义的办学方向、坚持正确的政治方向与站稳政治立场。政治性主要表现在教学改革创新过程中的政治导向、政治任务、教学队伍的政治担当等方面。讲政治是高校思想政治理论课的首要要求。高校思想政治理论课开展的目的，在于提升大学生的政治理论，引导大学生坚定政治立场，强化大学生的政治担当意识。高校思想政治理论课的任务是培养社会主义未来建设者和接班人，关键任务在于"立德树人"，要解决的是"培养什么人、怎样培养人、为谁培养人"的根本问题。高校思想政治理论课与其他课程最显著的区别就是思想政治理论课是为社会主义意识形态服务的，必须把政治性放在首位，落实好国家意识形态对该课程的整体导向要求。高校思想政治理论课教学改革创新要坚持马克思主义对意识形态领域的指导地位，确保教学改革始终保持正确的政治方向，将该课程的政治性与大学生成长的需求深度融合，实现育人目标与意识形态目标的有机统一。

第二，坚持"学理性"即把握高校思想政治理论课的科学性。思想政治理论课的学理性主要表现在马克思主义的学理性、哲学社会科学各学科的学理性相统一，即坚持以政治性为主导，用正确的政治方向指导思想政治理论课的改革创新；以科学的理论知识为基础，用学术语言讲政治，引导大学生坚定政治方向与立场。学理性是高校思想政治理论课的内在属性，高校思想政治理论课所形成的知识体系和真理体系具有深刻的学理性，这也是思想政治理论课的特点所在。理论只要说服人，就能掌握群众；而理论只要彻底，就能说服人。所谓彻底，就是抓住事物的根本。因此，高校思想政治理论课教师应当学懂弄通马克思主义，夯实理论功底并将马克思主义给学生讲透彻，提升学生对于思想政治理论课的"获得感"。高校思想政治理论课教学改革创新要坚持政治性和学理性相统一，忽视学理片面讲政治或是离开政治单纯讲学理均不可取。高校在思想政治理论课教学改革创新过程中，要把握好政治性与学理性的关系。在开展高校思想政治理论课教学过程中，缺乏学理性的思想政治理论课是乏味的，缺乏政治性的思想政治理论课是不合要求的。因此，要以正确的政治方向为基础，让思想政治理论课在教学过程中富有学理性。

2. 坚持政治性和学理性相统一的具体做法

高校思想政治理论课教学改革创新要处理好坚持政治性与坚持学理性之间的关系，要做到价值导向和理论教育相统一。高校思想政治理论课教学要将政治教育融入学理阐释中，利用学理阐释解决政治问题。坚持政治性和学理性相统一，需要发挥教师、学生、学校和社会多方面因素的作用。高校思想政治理论课教师要具备政治素质与理论素养，教师首先要对马克思主义理论真学、真懂、真信、真用；同时，开展思想政治理论课教学要注重以政治引领学理研究，以学术的方式讲政治，就要始终确保正确的政治方向，一方面要以政治为引领，深化对理论的理解；另一方面要注重从学理上开展研究，将研究成果变成教学内容，提升教师教育教学的胜任力，提升理论的穿透力。就大学生而言，要用真理的态度来对待政治，将政治理论转化为坚定的政治信念，坚定政治立场，树立理想信念，积极学习并善于运用马克思主义的立场、观点和方法去处理问题。高校要形成敬畏政治、尊重学理的校园氛围，将政治性放在首位，将学理性作为重要标准。各级党委要深入了解高校思想政治理论课教学效果，及时发现并解决问题，营造良好的教学改革创新环境，为高校思想政治理论课教学改革创新提供基础保障。实现政治性和学理性的辩证统一最根本的就是要用好思想政治理论课课堂教学这个主渠道，深刻领悟政治性，正确认识学理性，在教学过程中实现政治性和学理性相统一。

（二）坚持价值性和知识性相统一

知识教育属于认识论的范畴，价值引导属于价值论的范畴，高校思想政治理论课以马克思主义理论与思想品德教育为主要内容，是一个对大学生进行马克思主义理论与思想品德知识教育的过程。高校思想政治理论课教学改革创新要坚持价值性和知识性相统一，寓价值观引导于知识传授之中。这就要求高校思想政治理论课教学改革创新过程中，做到思想政治理论课教学以知识传授为载体，引导大学生树立正确的马克思主义世界观与方法论，以正确的世界观、人生观与价值观来指导实践；以价值引导引领知识传授，寓主导意识形态于具体的知识教学过程中，确保思想政治理论课教学的价值引领性。坚持价值性和知识性相统一体现了思想政治理论课的实践要求以及自身特点。新时代高校思想政治理论课教学改革创新，目的在于提升高校思想政治理论课教学成效，提升大学生思想政治理论课获得感，要坚持价值性和知识性的统一，寓正确价值观的引导于知识传授之中，在传授知识的过程中加强大学生的价值观教育。

1. 坚持价值性和知识性相统一的内涵要求

第一，坚持"价值性"指的是坚持思想政治理论课的价值引领性。价值性体现了高校思想政治理论课的重要作用。高校思想政治理论课所坚持的价值性指在对大学生进行马克思主义相关理论知识的传授过程中，不断增强对大学生的价值引领作用，这是思想政治理论课的根本要求。高校在开展思想政治理论课教学改革创新的过程中，要注重在提升思想政治理论课获得感的同时坚持价值性，坚定不移地坚持正确的价值导向和政治方向，以价值引导为初心，对大学生进行正确的价值导向，引导大学生树立坚定的理想信念，充分发挥思想政治理论课作为意识形态教育主阵地的作用。

第二，坚持"知识性"指的是教育引导大学生掌握马克思主义相关理论知识。知识性回答了思想政治理论课"是什么"的基本问题。高校思想政治理论课是一门以马克思主义理论为主要内容的课程。知识性是高校思想政治理论课的基本属性，具有价值事实与知识体系支撑。只有将马克思主义理论融入课堂，利用彻底的理论来说服大学生，利用普遍真理解决实际问题，启迪大学生自发形成正确的价值观和崇高的社会理想，才能使大学生对马克思主义相关理论真懂、真信，并将其落实到实际行动中。

2. 坚持价值性和知识性相统一的具体做法

高校思想政治理论课教学改革过程要将知识性教育和价值性教育两者统一起来，单纯重视知识性或价值性都有失偏颇。重价值性轻知识性，思想政治理论课将缺乏学理性，空洞而缺乏说服力，只有注重价值性，才能体现思想政治理论课的价值引领作用。但也不能重知识性轻价值性，只有通过彻底的理论诠释，高校思想政治理论课才具有说服力和感召力。坚持价值性和知识性相统一，是由思想政治理论课的知识属性和价值属性二者之间内在逻辑所决定的。因此，新时代大学生思想政治理论课获得感的提升，要将价值性与知识性统一起来，将对马克思主义理论的知识传授寓于其价值性引领之中，也将价值性引领寓于其知识性传授之中，进行知识和信仰的转化，具体包括以下三个方面：

第一，要通过知识传播形成价值信仰。也就是说，高校要通过思想政治理论课教学内容的传播来体现其价值性。高校思想政治理论课教师要把握教材精神，提升理论素养，传播马克思主义相关理论知识。高校思想政治理论课教师要注重在对大学生知识传授的过程中进行价值导向，注重提升思想政治理论课的感染力和说服力。教师要在传授知识的过程中融入思想引导和价值观塑造，让大学生感受到马克思主义相关理论的感染力，要引导大学生深化政治认知，厚植理想信念，坚定信心信仰，通过思想政治理论课教育教学来提升大学生认知的获得感和思想的获得感。要用广博的理论、彻底的思想来吸引和说服大学生，以知识成果滋养价值观念，增强思想政治理论课的吸引力。教师要通过思想政治理论课教学，讲清楚马克思主义理论，并对大学生进行引导，让大学生在获得思想启迪的过程中坚定马克思主义信仰，从而达到坚持价值性和知识性相统一。未来中国特色社会主义事业建设需要的是全面发展的人才，不仅仅需要知识丰富的人才，更重要的是他们的综合素质能得到全面发展，其中德育在大学生德、智、体、美、劳等全面发展诸多方面中居于主导地位，关系到整个教育的根本发展。高校思政课不仅仅是让大学生获得知识和技能，更重要的是要培养大学生树立正确的价值观念，促进大学生保持健康的心理，培养大学生健全的人格，强化大学生的道德规范，培养大学生养成良好的生活习惯和保持良好的精神状态，促进大学生的全面发展。而这需要不断改变过去传统的教学模式，积极加强高校思政课教学模式改革，坚持立德树人、以德为先的教育导向，提高思想政治理论课教学的针对性和实效性。

第二，要注重把握大学生思想特点。大学生的情感和意志是其认知和信仰形成的重要影响因素。高校思想政治理论课教学改革创新要依据时代发展要求和大学生实际情况及时进行方法与内容的更新，以科学、全面、与时俱进的知识体系支撑价值引领。高校思想政治理论课教师要时刻关注大学生道德、情感和意志的最新动态，结合大学生的实际情况因势利导，及时给予理论指导和疑惑解答。高校思想政治理论课教学改革创新要符合大学生成长发展规律，思想政治理论课教学过程要深刻把握大学生身心成长规律，结合不同学生群体特点因材施教，有针对性地进行教学改革创新。

第三，要重视引导大学生学以致用，将所学所思落到实处。高校思想政治理论课教学改革创新要注重将对学生的知识培养、价值培养转化到学生的行为落实中，要注重抓好实践这一关键环节，实现大学生的知识体系向信仰体系的转化，从而实现信仰到行为的落实。高校思想政治理论课教学改革创新要以实践的观点为指导，结合时代发展要求来开展。高校思想政治理论课教学改革创新过程中，要以实践为导向，锻炼学生的实践能力，增强学生的实干精神，教育引导学生做到学以致用、知行合一。

（三）坚持建设性和批判性相统一

高校思想政治理论课的守正创新面临诸多挑战，高校思想政治理论课教学改革创新必须坚持建设性和批判性相统一，坚持以辩证唯物主义和历史唯物主义的理论为指导。建设性与批判性是不可分割的两个方面，两者相辅相成、互为一体，共同服务于思想政治理论课的创新发展。建设性和批判性都是为了提升大学生思想政治理论课获得感，都致力于高校思想政治理论课改革创新目标的实现。

1.坚持建设性和批判性相统一的内涵要求

第一，坚持"建设性"即坚持完善和发展高校思想政治理论课教学，不断加强高校思想政治理论课各方面建设。建设性是对思想政治理论课的发展与完善，具有推动性作用，会在教学实践中转化为推动思想政治理论课不断改进的积极力量，是推进高校思想政治理论课教学改革创新不可缺少的部分。坚持思想政治理论课的建设性，就是要在教学过程中不断完善思想政治理论课发展的内生要素，包括教师队伍建设、教材体系建设、学科建设等诸多方面，要推动思想政治理论课教学方式方法的改革，不断提升其吸引力和感染力，要加强社会主义意识形态教育，弘扬主旋律，传播正能量，帮助大学生树立正确的价值导向，自觉做马克思主义的坚定信仰者、模范践行者和积极传播者。

第二，坚持"批判性"即坚持以马克思主义原则来看待问题。高校思想政治理论课教学改革创新过程中要坚持批判性，要在教学实践过程中剔除错误的思想和抵制不良的思潮，不断推动思想政治理论课的发展与完善。

之所以要求高校思想政治理论课教学改革创新必须坚持批判性，是由新时代马克思主义意识形态教育所面临的严峻形势所决定的。当今时代，国际国内环境都有了新特点，这给当前高校开展思想政治理论课教育给带来了挑战。国际社会方面，西方敌对势力到处宣扬西方的价值观，大肆进行文化渗透，企图通过西方价值理念的渗透来动摇甚至取代我国意识形态中的马克思主义的指导地位；国内形势方面，改革开放的实行也带来了各种社会思潮，这些多元思潮对人们思想也造成了不同程度的冲击。特别是当前我国的改革开放进入深水区、攻坚区，主流与非主流思潮同时存在。高校思想政治理论课教学改革创新要遵循马克思主义指导下的批判性原则，要坚持批判性，引导大学生批判国外所倡导的普世价值论、自由主义、历史虚无主义等错误思潮，要坚定立场，学会理性思考，避免被错误思潮所迷惑。

当今时代是全球化、信息化的时代，各种社会思潮交织并存，互联网的发展更让别有用心的不法分子趁机作祟，通过网络来宣扬各种错误思想，企图以此来影响大学生正确价值观的树立。因此，高校思想政治理论课教学改革创新要坚持批判性。教师在进行思想政治理论课教学过程中，要时刻发扬斗争精神，提高意识形态敏锐性与鉴别力，要认清社会主义意识形态的对立面，辨别各种错误观点，抵制各种错误思潮，结合教学内容做出科学的、正确的、有力的批判。高校思想政治理论课教学改革创新成效的提升，需要将建设性和批判性深入结合，不能将两者割裂开来。单强调建设性或单强调批判性都是不可取的，因为单强调建设性会使得大学生忽视非主流意识形态、错误思想等思潮，无法深刻体会所处时代的复杂性和多样化；单强调批判性会淡化大学生的社会主义意识形态，不利于社会主义主流意识形态的建设与发展。因此，高校思想政治理论课教学改革创新要坚持建设性和批判性的统一。

2. 坚持建设性和批判性相统一的具体做法

高校思想政治理论课教学改革创新的过程中，要注重采取将建设性和批判性有机结合起来，将二者在思想政治理论课获得感的实践之中统一起来。只有将建设性和批判性统一起来，高校思想政治理论课教学改革创新才能取得成效。一方面，建设发展好思想政治理论课，发挥好主渠道的作用。通过思想政治理论课的不断完善与发展，进一步传导正能量。另一方面，用批判的态度面对错误思潮，敢于进行甄别与批判，维护社会主流意识形态地位。

高校思想政治理论课教学改革创新要坚持建设性和批判性的统一，将两者有机结合起来，具体包括以下方面：第一，要坚持主流意识形态，加强思想政治理论课建设。要明确责任意识与阵地意识，这是开展思想政治理论课教学的思想前提。要巩固主流思想，传播正能量，引导大学生坚定政治立场，明辨政治意识形态的本质，树立正确理想信念。与此同时，要警惕西方以及社会上存在的错误思潮、不正确观点对大学生思想观念的不良影响，对错误的思想观点进行批判，引导大学生认清错误思潮的本质，树立正确的思想观念。要对大学生进行积极引导，引领大学生明辨多元化的意识形态，认同并践行主流意识形态，避免错误思潮的渗透，将对祖国的认同体现于行为实践中。第二，要坚持问题意识。高校思想政治理论课教学改革创新要有强烈的问题意识，坚持问题导向，重视教学实践过程中出现的问题，发现并解决问题，并在解决问题的过程中得以深化。要特别关注错误思潮的危害与实质，也要特别关注具有前沿性、时代性的真问题，并予以正确的分析和科学的解答，在破解问题的实践中实现理论的创新与发展。

（四）坚持理论性和实践性相统一

高校思想政治理论课教学改革创新要求坚持理论性和实践性相统一。高校思想政治理论课既富含学理性与知识性，又必须通过实践检验与反馈，是需要实践来支撑的课程。只有将课堂教学与社会实践结合起来，才能将知识理论运用出去，才能不断发展创新高校思想政治理论课教学成效，达到思想政治理论课教学的最终目标。在高校思想政治理论课教学改革创新过程中，教师要注重通过实践不断加强自身知识理论水平的提升，学生要注重通过教学实践活动的积极参与来丰富提升自身的理论知识水平，并积极将所学理论知识运用于具体的实践中，将爱国情与报国志融入中国特色社会主义建设事业中。高校思想政治理论课教学改革创新，要始终坚持理论性和实践性的有机统一，通过科学的理论知识来指导具体实践，同时通过具体实践丰富理论知识，以理论引领实践，以实践证明理论。

1. 坚持理论性和实践性相统一的内涵要求

第一，坚持理论性即坚持思想政治课知识理论的科学性理论性。理论性是思想政治理论课的基本属性，指向的是思想政治理论课的逻辑性和阐释性。高校思想政治理论课教学改革创新要以马克思主义理论为理论根基，帮助学生掌握马克思主义相关科学理论知识。通过思想政治理论课教学，以包含知识性和思想性的教学内容教育学生。高校思想政治理论课教学内容是对历史经验的抽象理解和高度概括，是具有系统性和科学性的知识体系，具有很强的理论性。高校思想政治理论课教学改革创新，就是要提高大学生掌握马克思主义等理论知识，不断提升大学生的理论水平。高校思想政治理论课教学改革创新强调理论性，有利于提升大学生的知识获得感，有利于大学生将课堂上的客观真理内化为主体意识，促进大学生形成正确的世界观、掌握正确的方法论。

第二，坚持实践性即重视思想政治理论课的实践性，注重将思政小课堂和社会大课堂结合起来，将课堂学习与课外实践结合起来。实践观点是马克思主义理论的基本观点，理论只有作用于实践才能更好地发挥作用，理论的形成来源于实践，最终目的也是作用于实践，理论的最终目的就是指导人的行动。坚持实践性，是高校思想政治理论课教学改革创新必须考虑的重要方面。高校思想政治理论课教学改革创新要注重大学生的思想观念和行为发展，要强调大学生对于所学理论知识"内化于心，外化于行"，要通过实践来学习和践行所学知识。通过社会大课堂的各种实践，不断提升自我的知识理论水平，同时在实践中践行所学的理论知识，用正确的思想来指导自我的行为，将正确的理念践行到实际的行动中，高校思想政治理论课的理论教学只有与实践相结合，运用到实践中，思想政治理论课的作用才能得到发挥，思想政治理论课的价值才能得到体现。而且，通过实践，高校思想政治理论课教学内容才会不断地向前丰富发展。

思想政治理论课就是要培养正确的、告诉未知的、理清混乱的和抵御错误的。新时代高校思想政治理论课教学改革创新要通过理论知识的传授，帮助大学生掌握马克思主义的基本理论、基本方法，引导大学生学习理论知识，明确思想政治理论课对其自身成长进步的价值，增强获得感。要结合新时代的背景和形势发展，不断推进理论创新，实现理论逻辑向实践逻辑的转化，让大学生认同掌握马克思主义理论，并在实践过程中践行马克思主义理论。

2. 坚持理论性和实践性相统一的具体做法

高校思想政治理论课教学改革创新过程中，在重视提升大学生理论认知的同时也要重视大学生行为的锻炼和转化，通过理论见诸实践活动的开展促使大学生提升获得感。第一，重视思想政治理论课理论性的传播。高校思想政治理论课具有理论性，高校思想政治理论课教学改革创新要重视大学生对思想政治理论课理论性的掌握，培养大学生具备科学的理论知识。第二，重视思想政治理论课实践性的特点。在开展理论知识传授的过程中，要注重通过丰富教学内容、创新教学方法等途径，通过课堂教学、课外实践等方式，让大学生更好地掌握马克思主义科学理论，丰富自我知识储备。

新时代思想政治理论课要注重大学生的感官体验，帮助大学生在实践教育的过程中丰富理论知识，将所学到的知识运用到解决现实存在的困惑和疑难问题中。通过课堂教学与课外实践的结合，使得大学生通过自身实践、切实体验而获得理论知识，运用理论知识，帮助大学生掌握认识世界和改造世界的方法，并让大学生将所掌握的理论方法在实践中得以运用，提升大学生获得感。高校思想政治理论课教学改革创新要注重坚持理论联系实际，这是提高高校思政课教学实效性的关键。高校思想政治理论课教学不仅仅是为了向大学生传授知识和先进的思想，更重要的是要提高大学生运用理论知识的能力，培养他们的问题意识，提高他们正确处理问题和认识社会的能力。

高校思想政治理论课教学要注重理论联系实际。高校思想政治理论课教学开展的过程中，教学理论传授上首先要联系实际，包括联系历史和当前的社会实际，要用丰富生动的中国特色社会主义实践事实来解答大学生在学习、生活中遇到的困惑与难题，加深大学生对基本理论的理解，对大学生进行正确的引导，使大学生正确认识当前中国特色社会主义事业建设的客观规律。另外，要积极开展社会实践教学，积极引导大学生深入社会实际，促使大学生正确认识当前的政治、经济形势，正确认识和对待社会中出现的各种情况。

（五）坚持统一性和多样性相统一

高校思想政治理论课教学改革创新要坚持统一性和多样性相统一。高校思想政治理论课的教学目标具有统一性，要求课程设置、教材编写使用、教学管理具有统一性，是党和国家的社会宏观大环境决定的。但每个学校有不同的实际情况，包括社会资源、教学环境、教学对象等各个方面，因此必须进行多样化教学。坚持统一性与多样性相统一，即坚持大的宏观教学环境的良好统一态势，结合各学校的多样特点具体开展，从而来提升大学生获得感。统一性和多样性是辩证统一的，坚持统一性是坚持多样性的前提，多样性是统一性的表现形式，要服从和服务于统一性；统一性寓于多样性中，坚持二者的辩证统一有利于切实提升大学生获得感。

1. 坚持统一性和多样性相统一的内涵要求

第一，坚持"统一性"即坚持在党和国家的正确领导下，落实教学目标、课程设置、教材使用、教学管理等方面的统一要求。只有首先坚持统一性，才能保证思想政治理论课教学改革创新的有序进行。统一性包括思想政治理论课教学目标的统一、课程设置的统一、教材使用的统一、教学管理的统一多个方面。其中以教学目标的统一为前提，其他方面服务于这个前提，其他方面的统一首先要坚持教学目标的统一。同时，要保证教学目标的统一的落实，课程设置的统一性是标准，教材使用的统一性是必要条件，教学管理的统一性是重要保证。在统一的教学目标的指导下，课程设置要适应时代发展与理论武装的需要，要进一步明确课程名称、学时与学分安排、基本内容等，课程设置要不断科学完善，为促进改善教学效果、规范教学秩序、提升获得感而进行设置；教材编写要具有统一性，要按照党中央和国家的要求，结合马克思主义相关理论的知识体系，统一编写科学性理论性的学习教材；教学管理的统一性要求强化管理教学过程的各个环节，实行集体备课，建设规范的教研室，健全考核与评价机制，全方位、多层次地检查教学全过程等方面。

第二，坚持"多样性"即结合具体情况坚持因地制宜、因时制宜、因材施教。多样性表现为在思想政治理论课教学过程中注重差异，结合各高校实际情况，从实际出发，因地、因时采取不同的策略，因材施教。新时代是多元的时代，坚持多样性有利于大学生个性化需求的满足，有利于更好地促进大学生的成长成才。坚持多样性，就要坚持"以生为本"，以大学生的实际情况为立足点，了解大学生不同个体之间的差异性，实现教育教学探索的多样化，充分尊重大学生不同特性、不同层次、不同专业、不同地区的多样性。高校思想政治理论课教学改革创新要注重根据不同地区的多样性、不同学校的差异性进行教学改革；要把握不同大学生特性的多样性，在教学改革过程中要重视大学生的差异性，了解大学生的不同个性需求，并在此基础上满足大学生的发展需要。

高校思想政治理论课教学改革创新要根据大学生层次和专业的多样性，因材施教，对不同专业、不同层次的大学生要有针对性地开展教学改革。一方面，坚持多样性要注重教学方法的多样性。要在坚持顶层设计统一的基础上推动教学方式方法的多样性，采取灵活有效的、学生乐于接受的教学方式方法。在教学过程中，要注重探索新的教学模式，采取问题导入、情景再现、实践考察等教学方法，同时运用媒体网络资源，采取学生喜闻乐见的教学方式，进而增强学生的获得感。另一方面，坚持多样性要促进教学设施与教学环境的多样化。营造积极向上的校园文化环境，创设好多样的教学设施，利用好具有教育功能的展览馆、博物馆、文化馆，充分利用校内外的教学资源，营造多样化的良好教学环境。

同时，坚持多样性也要求教学管理手段创新管理模式，运用多种管理手段。推动考核方式多样化。

2.坚持统一性和多样性相统一的具体做法

高校思想政治理论课教学改革创新要坚持统一性和多样性的统一，处理好统一性和多样性的关系，在统一性统领多样性、多样性中，坚持统一性的过程中提升大学生获得感，第一，坚持统一性统领多样性。统一性是多样性的前提，高校要将统一性要求严格落实，统一性要统领多样性。要按照党中央的统一部署，在教学目标、课程设置、教材使用、教学管理等方面落实统一。比如，师资队伍建设方面，要严格按照政治要强、情怀要深、思维要新、视野要广、自律要严、人格要正的要求遴选教师队伍，提升教师的综合素质。教学安排方面，要按照上级要求严格落实学时学分，确保教学任务的落实，等等。第二，在坚持统一性的过程中尊重多样性。统一性的坚持需要通过多样性的发挥。要结合具体地点、具体时间、具体对象来因地制宜、因时制宜、因材施教。高校思想政治理论课教学改革创新要结合时代发展要求和大学生特点，结合具体的教育教学环境情况，有针对性地构建科学可行的思想政治理论课教学模式，在统一性为统领的前提下坚持多样性。总而言之，高校思想政治理论课教学改革创新要坚持统一性和多样性相统一，只有将统一性和多样性高度统一起来，才能够提升大学生获得感，思想政治理论课教学成效才能得以提升。

（六）坚持主导性和主体性相统一

高校思想政治理论课教学改革创新要坚持主导性和主体性相统一，这主要是针对教师和学生的关系而言。高校思想政治理论课教学开展的过程中，教师和学生作为教育者和受教育者，是思想政治理论课教学活动中的两大核心因素，处理好两者的关系事关高校思想政治理论课教学改革创新成效。在教学活动中，教师起着主导作用，没有教师的参与，就会失去方向。大学生是教学活动的能动主体，不激发和利用大学生的积极性和主动性，教学活动难以收到良好的效果。有获得感的思想政治理论课，离不开教师的主导作用与大学生的主体作用的共同发挥。

1.坚持主导性和主体性相统一的内涵要求

第一，坚持主导性即坚持教师的主导性，发挥教师主导性作用。高校思想政治理论课教师的主导性直接表现在传授知识、思想道德教育、能力培养和信念培育等方面。在思想政治理论课教学过程中，教师要积极发挥主导性作用，发挥"师者"的引领作用，主导教学活动。思想政治理论课教师的专业自主性与主观能动性的发挥直接影响着思想政治理论课获得感的质量。教师在榜样与示范作用方面有很大影响，在与大学生的联系交流中扮演着主导者的角色，其言谈举止、人格魅力等直接影响着大学生，影响着大学生获得感。新时代，高校思想政治理论课教师要首先提升自身知识水平、人格魅力等各方面综合素质，并在此基础上创新教学方式方法，发挥教育主导性作用，提升思想政治理论课教学成效。

第二，坚持主体性即坚持学生学习的主体性，发挥学生主体性作用。大学生的主体性表现在学习过程中的积极性和主动性，在学习上的动机、态度、行为等方面的主体性。高校思想政治理论课教学改革创新要取得良好成效，不仅要发挥教师的主导性，而且要发挥学生的主体性。要增强大学生在学习过程中的主动接受性，使大学生积极主动地促进自我成长、成才。只有发挥大学生的主体作用，高校思想政治理论课教学改革创新才能真正让学生有所学、有所用，达到改革创新的成效。只有将大学生的主体性充分发挥出来，让大学生真正成为思想政治理论学习的主人，充分挖掘大学生的内在潜力，才能使教师的主导性作用得以有效发挥，才能切实提升高校思想政治理论课教学改革创新成效。高校思想政治理论课教学过程中，教师的主导性与大学生的主体性相辅相成、辩证统一。教学的过程，是教学相长的过程。教师主导性和学生主体性的有机结合有利于高校思想政治理论课教学改革创新的深入推进，一方面，教师主导性和学生主体性的有机结合有利于师生关系的正确认识和处理，有利于促进思想政治理论课的课程与教学的相关研究；另一方面，教师主导性和学生主体性的有机结合能够使得教师的"教"与学生的"学"得以有效协调，提升思想政治理论课教学成效。

2. 坚持主导性和主体性相统一的具体做法

高校思想政治理论课的根本任务在于"立德树人"，在于培养大学生德、智、体、美、劳全面发展。高校思想政治理论课教学改革创新要将主导性和主体性贯穿全过程，要将两者有机统一起来，不能只重视任何一个方面。过分强调教师主导性忽视学生主体性，将导致思想政治理论课教学过程单向而行，更多地会出现教师"灌输式"说教或是教师所采取的教学方式方法没有针对性；过分强调学生主体性忽视教师主导性，则会导致教学过程无序化或不科学化，导致教学质量和水平的欠缺，从而影响教学改革创新的成效。高校思想政治理论课教学改革创新要注重坚持主导性和主体性相统一，形成教师的"教"与学生的"学"的良性互动，处理协调好教学过程中教师与学生的关系，形成教学相长、良性互动的合力，最终实现教学中知、情、意、行的统一，从而提升大学生获得感，提升教学改革成效。

第一，思想政治理论课教师要发挥教学主导性作用，积极发挥主动性与创造性，在自身具备渊博知识、人格魅力的基础上，教育引导大学生坚定政治信仰，树立正确的马克思主义世界观与方法论。思想政治理论课教师要坚持"以生为本"的教学理念，尊重大学生的主体地位，注意结合教育对象的特点，有针对性地采取教学方式方法，充分发挥自身教育主导性作用。第二，要注重大学生的主体地位的发挥。高校思想政治理论课教学改革创新要注重学生的主体性。教师要注重了解把握大学生的思想实际情况，以大学生的成长发展规律为基准，结合教育对象有针对性地开展思想政治理论课教学，不断提升大学生的综合素质。要坚持教育与自我教育相结合的教学原则，在课堂上与大学生积极互动，充分发挥大学生的积极性创造性，引导和激励大学生主动参与学习。教师主导作用发挥的最终目的是为大学生这个主体服务，是为了促进大学生的全面发展，教师在主导的过程中要始终把大学生的主体作用放在首位，通过大学生主体地位的实现达到教育的目的。

（七）坚持灌输性和启发性相统一

高校思想政治理论课教学改革创新要坚持灌输性和启发性相统一。高校思想政治理论课具有理论性学理性特点，知识传授的过程是一个理论宣讲的过程，同时也是一个价值引领的过程。因此，思想政治理论课教师既要给大学生传授科学系统的理论知识，又要注意通过启发的方式来调动学生学习的积极主动性，要处理好灌输性和启发性的关系，坚持灌输性和启发性相统一。思想政治理论课教师在对学生进行理论知识传授的过程，要结合学生的需求和特点来开展，注重发现大学生关注的问题，为大学生答疑解惑。在进行理论灌输的同时注重引导大学生自己发现问题，采用启发式教学，通过启发引导来向大学生传授知识，激发大学生学习的积极性、主动性，启发大学生进行思考、探索，促使大学生在自我思考、自我参与中学到知识并运用知识。

1. 坚持灌输性和启发性相统一的内涵要求

第一，坚持"灌输性"即坚持通过理论灌输来传授科学理论知识。灌输性指的是运用理论灌输的教学方法，在思想政治理论课教学实践中进行知识传授，通过知识传授来丰富大学生的马克思主义理论知识，提升大学生的马克思主义理论素养，培养大学生树立正确的思想道德观念。灌输是思想政治理论课教学的常见方式。通过灌输式教育，教师通过知识讲授能将大量系统的知识传输给学生，学生能较系统地掌握知识并进行知识建构。当然，灌输式的教学要求采取有效的方式来进行，而不是教师不顾及学生接受情况，将理论知识进行的"单向度灌输"，这样的灌输会导致学生无法真正接受和理解所学知识，难以达到预期教学效果。这样的灌输没有立足大学生的个体差异，没有做到因材施教，难以提升大学生的学习积极性。同时，思想政治理论课教师在对大学生进行灌输教育的过程中，要坚持社会主义的办学方向和马克思主义的指导地位，要明确正确的价值导向，教育引导大学生追求真理，提升大学生明辨是非的能力。

第二，坚持"启发性"即通过启发引导的方式方法对大学生进行教育教学。新时代思想政治理论课教学要重视对大学生的启发引导，在教学过程中要注重坚持启发性。也就是说，教师在思想政治理论课教学过程中要坚持问题导向，引导大学生关注重大理论和实践问题，并对此深入思考，通过启发教学教育学生理解接受知识，提升学生发现问题、分析问题和解决问题的能力。

2. 坚持灌输性和启发性相统一的具体做法

高校思想政治理论课教学改革创新，要坚持把灌输性和启发性高度统一起来。在进行思想政治理论课教学过程中，要注重通过灌输来传播马克思主义相关理论知识，同时要通过启发引导让大学生积极主动地进行学习，在理论灌输的过程中融入启发式教学，在启发式教学过程中将理论知识进行传授，将灌输性和启发性统一于思想政治理论课教学活动的全过程。

第一，坚持知识传授的灌输性。教师通过主导地位的发挥，传授知识来促进大学生的知识建构，帮助大学生获取马克思主义相关理论知识，建构思维框架以及情感图式。思想政治理论课教师首先要有坚定的政治立场、正确的价值观念、丰富的马克思主义理论学识，在此基础上，按照教学目标创设教学情境，在教学过程中选择合适的教学内容和方法，激发学生学习的主动性和创造性，通过课堂教学课外实践等形式，对大学生进行马克思主义相关知识传授。

第二，坚持教学过程的启发性。坚持思想政治理论课的启发性，首先要了解大学生特点，要对大学生思想发展的情况进行全面了解，把握思想政治教育规律。在此基础上，教师结合受教育者的特点情况有针对性地设计教学环节，在具体的教学环节中进行有效启发，从而使得思想政治理论课教学具有针对性。另外，要对大学生的困惑给予解答。高校思想政治理论课教学改革创新要以大学生的思想困惑为教学起点，重视大学生的需求，把握大学生关注的问题，结合大学生的疑惑来开展教育教学，启发大学生主动思考问题、分析和解决问题，从而达到知识传授、价值引导的目的，同时，在教学活动开展过程中遵循大学生思想发展的规律，启发大学生进行独立思考。

高校思想政治理论课教学改革创新要在教学过程中将灌输性和启发性结合起来，以灌输性为基础来达到正确价值导向的目标，以启发性引导大学生运用多元化视角认识真理，提升思想政治理论课教学改革创新成效，完成思想政治理论课立德树人的目标。

（八）坚持显性教育和隐性教育相统一

高校思想政治理论课教学改革创新要坚持显性教育与隐性教育相统一。显性教育具有集中组织、目的明确等特点，主要指的是利用各种公开手段、公开场所，有领导、有组织、有系统的教育方法。高校思想政治理论课的显性教育通常表现为以课堂为主要依托，以专题教育、主题研讨、文件报告等为主要形式来开展教育；隐性教育则具有潜移默化的特点，是相对于显性教育而言的另一种教育方法，计划性、组织性不强。高校思想政治理论课教学改革创新必须坚持显性教育和隐性教育相统一，把这两种基本模式有机结合起来。坚持显性教育和隐性教育相统一是思想政治工作"三全育人"的必然要求，思想政治理论课承担着培养人才的重要任务，要在发挥课程显性教育关键作用的同时发挥其他课程和部门隐性教育的功能，促进思政课程与课程思政的同向同行、协同发力，体现"课程思政"教学理念，实现全员、全程、全方位育人。

1. 坚持显性教育和隐性教育相统一的内涵要求

第一，坚持"显性教育"即坚持通过有组织、有计划地进行系统、公开、外显的教学方式来开展高校思想政治理论课教学。高校思想政治理论课教学显性教育主要是指根据思想政治理论课教学目标和要求，在固定的时间和固定的场所内集中开展系统的马克思主义理论教育活动，从而教育引导大学生形成正确的思想道德观念。高校思想政治理论课显性教育具有目的明确、可控性高、可操作性强等特点和优势。坚持显性教育有利于思想政治理论课更好地发挥主渠道的作用。坚持显性教育，有利于对大学生进行价值观念培育、思想理论宣传。

第二，坚持"隐性教育"则是要注重挖掘其他课程和教学方式中蕴含的思想政治教育资源，实现全员、全程、全方位育人。隐性教育主要指的是以隐蔽的形式对大学生进行教育，通过潜移默化等隐性方式来丰富大学生的知识建构、促进大学生正确价值观的形成。隐性教育主要表现为将马克思主义相关理论知识积极融入其他每一课程，充分挖掘各方面的思想政治育人资源，体现"课程思政"理念，发挥其他各门课程、学校各个部门的思想政治育人作用，将对大学生的思想政治教育渗透在日常生活、学习过程的各个环节中，将全员、全程全方位育人落实到位。隐性教育具有形式灵活、作用深远等特点，隐性教育比显性教育更能达到潜移默化、润物无声的效果。通过隐性教育，能很好地使大学生自主接受教育，坚持隐性教育有利于更好地发挥各方面协同育人的功能。显性教育和隐性教育都具有自身的特点和优势，但也有相应的缺点和不足，比如显性教育具有教学形式单一、灌输性强、不易被大学生接受等特点，隐性教育存在系统性不足、随意性大等特点，因此，高校在思想政治理论课教学改革创新的过程中，要将显性教育和隐性教育有机统一起来。

2. 坚持显性教育和隐性教育相统一的具体做法

新时代高校思想政治理论课教学改革创新要注重将显性教育和隐性教育统一起来，实现优势互补，提升教学改革实效性，提升大学生思想政治理论课获得感。高校思想政治理论课教学改革创新过程中要兼顾显性教育与隐性教育，在发挥好思想政治理论课主渠道的关键作用的同时，也要注重其他思政元素育人作用的发挥，坚持"课程思政"理念，实现全员、全程、全方位育人。

第一，要开展好显性教育。高校思想政治理论课教师要结合思想政治理论课教学目标任务，在思政课程视域下，根据教学目标和教学内容严格制订落实教学方案，充分发挥思想政治理论课主渠道作用，有计划、有组织地开展思想政治理论课教学。

第二，要注重隐性教育的开展。在开展好显性教育的同时，高校思想政治理论课的教学改革创新要注重发挥各教育资源的隐性教育功效，要根据不同阶段大学生的特点和需求，以思想政治理论课为核心，辅之以极具特色的素质教育，挖掘利用其他各课程、各部门的思想政治育人元素，将各个部门协调起来，促进课内与课外、线上与线下、课程思政与思政课程协同育人，树立"大思政"育人观，形成各个部门、各门课程与思想政治理论课协同合作、同向同行的"大德育"育人格局，使思想政治教育贯穿大学生成长成才全过程。

高校思想政治理论课教学改革创新要以"八个相统一"要求为原则，"八个相统一"要求具有丰富的科学内涵，其中，坚持政治性和学理性相统一、价值性和知识性相统一、建设性和批判性相统一的原则，体现了思想政治理论课课程的本质内涵；坚持理论性和实践性相统一、统一性和多样性相统一的原则，符合课程发展的客观规律；坚持主导性和主体性相统一、灌输性和启发性相统一、显性教育和隐性教育相统一，是从教学方法层面确立的高校思想政治理论课内涵式发展的重要原则。总而言之，"八个相统一"原则是针对思想政治理论课教学过程中所出现的理论与实践相脱离、大学生主体性发挥不到位、教学启发性不足等问题而提出的应对之法。这"八对关系"中，每一对关系的两个方面都密不可分，要将每对关系有机统一起来，这是新时代高校思想政治理论课教学改革创新必须遵循的重要原则。

第三节　新时代高校思想政治理论课教学改革创新的实现路径

高校思想政治理论课教学改革创新要将具体规划落到实处，需要采取有效的策略路径。高校思想政治理论课教学改革创新需要通过创设思想政治理论课教学改革创新良好环境、构建思想政治理论课有力话语体系、提升思想政治理论课教师综合素质、优化思想政治理论课内容体系等路径来实现。

一、创设思想政治理论课教学改革创新良好环境

良好的教学环境是教学改革得以顺利进行的重要条件，对于高校思想政治理论课教学改革创新的深入开展具有十分重要的作用。高校思想政治理论课教学改革创新的开展，需要良好的思想政治理论课教学环境。高校要利用校内外教学环境的优势，发挥校内外教学环境的有利作用，进一步加强校内外良好教育环境的创设，通过良好教学环境氛围的营造，为高校思想政治理论课教学改革提供好的大环境。

（一）利用良好的政治环境

高校思想政治理论课教学改革创新是针对思想政治理论课教学进行的改革创新。高校思想政治理论课程作为铸魂育人的"关键课程"具有特殊的教书育人的作用，思想政治理论课的授课内容是基于现行的政治制度的需求而设计的，与国内外社会政治制度和现实政治状况密切相关。高校思想政治理论课教学是思想政治理论课教师用一定政治观点、道德规范对大学生进行有目的、有计划、有组织的教育引导，使他们形成符合党和国家、社会发展要求的思想品德的教学活动，主要是对大学生开展马克思列宁主义理论教育，党的路线、方针、政策教育，爱国主义、国际主义和革命传统教育等方面的内容，旨在通过思想政治理论课教学使大学生了解并掌握中国特色社会主义理论的基本内容，树立辩证唯物主义和历史唯物主义的世界观，同时在行动上拥护党和国家、拥护社会主义。政治环境是高校思想政治理论课教学中最直观的素材和理论联系实际时最直接的参照，发挥政治环境的优势能增强思想政治理论课的说服力和关注度。高校思想政治理论课教学的改革创新首先需要良好的政治环境。高校要充分利用政治环境优势来进一步推动思想政治理论课教学的改革创新。

当前的政治环境优势主要包括以下两个方面：第一，党和国家对思想政治理论课建设的重视。党中央对思想政治理论课建设的高度重视，为办好思想政治理论课指明了方向。第二，国家各方面的良好发展。新中国成立以来特别是改革开放以来，在党中央的正确领导下，我国各项事业都取得了伟大进展。目前，我国是世界第二大经济体，社会主义民主政治不断发展，国家文化软实力不断提升，社会建设、生态建设、军队建设等各方面均得到了较大的发展，人民生活幸福感不断增强。

高校思想政治理论课教学改革创新要发挥政治环境优势，展现中国特色社会主义优

势，增强师生对思想政治理论课的认同。当前，高校要通过思想政治理论课教学进一步将党和国家对思想政治理论课建设的重视、将党和国家发展的良好态势展现出来，使得大学生课程学习的过程中进一步参与中国特色社会主义，了解中国特色与中国优势，增强自我对国家的认同。同时，要进一步创设思想政治理论课教学改革创新的良好环境。党和国家对思想政治理论课建设的重视程度的不断加强，我国社会主义建设事业发展的不断深入，这都是高校思想政治理论课教学改革创新所处的良好政治环境。良好的政治环境为高校思想政治理论课教学的有效开展提供了大环境、大氛围，高校要积极加以利用，发挥政治环境的优势。

（二）营造良好的校园环境

校园是大学生接受系统教育的最重要场所，良好校园环境是思想政治理论课教学得以顺利开展的重要影响因素之一。良好的校园环境不仅可以让大学生习得思想政治理论课知识，还可以对大学生进行氛围感染，加强对大学生的思想政治教育，高校思想政治理论课教学实效性的发挥离不开良好的校园环境建设。高校思想政治理论课教学改革创新要注重营造良好的校园环境，利用校园环境优势营造良好的思想政治理论课教学氛围，为思想政治理论课教学改革创新的开展提供有利条件。中共中央、国务院印发的《关于新时代加强和改进思想政治工作的意见》强调："要构建共同推进思想政治工作的大格局。完善领导体制和工作机制，完善党委统一领导、党政齐抓共管、宣传部门组织协调、有关部门和人民团体分工负责、全党全社会共同参与的思想政治工作大格局。"可见，高校要构建思想政治理论课工作大格局，发挥党委以及各部门的协同育人作用。高校思想政治理论课教学开展过程中，校园环境对于大学生的影响十分密切，要营造良好的校园环境，从而推动思想政治理论课教学改革创新的深入进行。

一方面，要高度重视思想政治理论课。高校要把思想政治理论课建设摆在重要位置，在各方面提供条件确保思想政治理论课顺利开展，发挥各部门、各院系在思想政治教育方面的作用，实现全员、全程、全方位育人，提升思想政治理论课教学实效性。学校对思想政治理论课的重视是高校思想政治理论课教学改革创新的必要条件，为高校思想政治理论课教学改革创新营造了良好的校园氛围。另一方面，要积极利用校园的思想政治育人资源。高校要注重将思想政治理论课教育引领融入大学生日常生活中。校园是大学生学习、生活过程中要接触的环境，高校要充分利用校园资源，挖掘思想政治教育元素，积极利用环境来开展对大学生的教育。其一，教育引导大学生通过调研、志愿服务等活动来进行自我管理和自我教育；其二，充分挖掘校园思想政治教育元素，利用各种校园红色文化资源来开展教育，比如，通过校园物质环境打造、校园名师先贤事迹宣传、校园思政优秀作品展示等方式来将思想政治教育元素融入校园环境和大学生生活中，发挥校园思想政治教育对大学生的潜移默化的教育作用。

（三）把握良好的网络环境

当今时代是信息化网络化的时代，当代大学生的学习、生活与网络环境息息相关。网络具有自身的特点，包括信息传播速度快、内容广、渠道多等方面，网络媒体起到了双向的作用。处于信息网络时代的大学生，其思想形成受到多方面信息的影响。对于高校思想政治理论课而言，信息化网络化的环境既是机遇，更是挑战，网络环境对于思想政治理论课教学的开展有利也有弊。网络教学环境能通过影像、声音等技术，迅速为大学生接收相关信息提供资源，有利于提高思想政治理论课的教学效率。但与此同时，通过网络对于信息接受的快速便捷也产生了负面影响。大学生在通过网络接收主流文化的同时也接触到西方各种思潮，其正确价值观的形成会受到各种思潮的影响。

针对网络上各种思潮对大学生正确价值观形成的影响，高校思想政治理论课教学改革创新要注重抓住机遇，把握网络环境优势，运用网络平台对大学生进行及时、正确的教育引导，通过网络平台进一步传播马克思主义相关理论知识，引导大学生坚定理想信念。高校思想政治理论课教学改革创新要利用网络环境优势，通过发挥网络媒体的积极作用来提高思想政治理论课认同度，提高思想政治理论课教学成效，从而提升思想政治理论课教学改革创新成效。一方面，利用网络平台打造思想政治理论课网络阵地。比如创设红色网站、名师课堂、思想政治特色活动等方式，积极利用网络平台对马克思主义相关理论、党和国家的方针政策进行宣讲，让学生快捷有效地学习掌握相关理论知识，从而增强自身的马克思主义理论相关知识。另一方面，通过网络平台来树立典型、宣扬正义，让学生从先进事例中得以学习，以先进典型为榜样。

二、构建思想政治理论课有力话语体系

话语是以语言为媒介，在一定环境中说话人与受话人之间的沟通活动，话语具有实践性，而且话语和思想相互促进，高校思想政治理论课教学改革需要构建有力的话语体系。话语具有实践性。恩格斯指出："语言是从劳动中并和劳动一起产生出来的，这个解释是唯一正确的。"马克思也指出："通过生产而发展和改造着自身，造成新的力量和新的观念，造成新的交往方式，新的需要和新的语言。"马克思和恩格斯认为，语言是社会的产

物，语言来源社会实践。话语是思想借助语言载体的外在表达，具有实践性。因此，思想政治教育话语要注重源于教学实践和现实生活，这样才是思想的直接现实……思想通过词的形式具有自己本身的内容。可见，马克思认为，话语是人的思想的反映。思想和语言是相互促进的，话语依赖于思想而产生，思想通过话语得以表达体现。

高校思想政治理论课作为大学生思想政治教育的主渠道与主课堂，是落实立德树人根本任务的关键课程。教学过程中，教师通过语言去向学生传授知识、表达观点。高校思想政治理论课教学开展的过程，是思想政治理论课教师和大学生进行对话的过程，教学话语发挥了重要的作用。话语是说话者与受话者之间的载体与桥梁，是思想政治理论课教学过程中教师的"教"与学生的"学"必不可少的载体。思想政治教育话语作为一种权力话语具备意识形态性与学术性的特点，受一定社会主导意识形态支配。高校思想政治理论课的话语是思想政治教育实践活动的重要载体，对于马克思主义相关理论知识的传播起着十分重要的作用。进入新时代，高校思想政治理论课面临多重话语空间的严峻考验。高校思想政治理论课教学改革创新必须牢牢掌握话语权，构建思想政治理论课教学有力话语体系，通过发挥教学话语体系的作用来提升思想政治理论课教学成效。

（一）坚持话语主体的有机统一

高校思想政治理论课教学开展的过程中，从宏观而言，高校思想政治理论课的话语主体包括主流意识形态的传播者与受众者两大主体，要坚持话语主体的有机统一。

第一，思想政治理论课话语体系的传播者主要是指"思政课话语体系的主导者、发起者和实施者。它是一个多结构、多层次的体系，既有组织主体，也有个人主体，既有直接主体，也有间接主体"。高校思想政治理论课话语主体的传播者主要包括以下方面：其一，主导者。高校思想政治理论课话语主体传播者中的主导者是党和国家。高校思想政治理论课是传递主流意识形态的主阵地，是党和国家意志的体现。党和国家是思想政治理论课话语的主导者，发挥着重要的主导作用。其二，发起者。高校思想政治理论课话语主体传播者中的发起者是思想政治理论课教材编写和审定专家以及相关管理者。结合党和国家的要求，将相关理论知识编成教材来发起对大学生的思想政治理论课教育。其三，实施者。高校思想政治理论课话语主体传播者中的实施者是思想政治理论课教师。高校思想政治理论课话语主体几个不同方面具有相应的特点，党和国家、教材编审专家属于间接主体，思想政治理论课教师属于直接主体，是在课堂上传递主流意识形态的最重要主体，通过思想政治理论课教师作用的发挥来传播党和国家的意志。

第二，思想政治理论课话语的受众者即接受主体则指思想政治理论课话语的接受者，他们既是话语活动的参与者，同时也通过自身的主观能动性，对于话语的选择和推动起着能动的作用。高校思想政治理论课话语受众者主要是指大学生。当代大学生作为学习主体具有主观能动性，既包括对话语选择的能动性和对话语改造的能动性。当代大学生具有自身思想特点，在面对多种话语的情况下，通过对话语的评判和反馈，会选择接受或不接受某种话语。同时，大学生会结合自身的思想认识以及社会实践，对话语传播主体的话语进行再加工和创造。作为高校思想政治理论课话语受众者，当代大学生具有主观能动性，对传播主体所传授的主流意识形态具有选择性与创造性。同时，当今时代具有话语权多样化、话语空间复杂的情况，高校在开展思想政治理论课教学改革创新的过程中，要注重思想政治理论课话语体系各层次话语主体之间的相互配合、相互作用，这样才能提高思想政治理论课教学改革创新的实效性。

（二）提高话语内容的丰富性时代性

高校思想政治理论课是党和国家开展思想政治教育的主阵地，其教学成效的高低影响着大学生的培养效果，影响着中国的社会主义现代化建设。高校通过思想政治理论课教学来对大学生进行马克思主义理论教育和思想品德教育，教育大学生树立正确的马克思主义的世界观、人生观和价值观，提高大学生的认识能力与实践能力，指导大学生运用马克思主义基本立场、基本观点和基本方法去分析问题、解决问题。

新时代高校思想政治理论课教学改革创新要注重提高思想政治理论课话语内容的丰富性时代性。一方面，教材编写上要注意内容的丰富性时代性。新时代高校思想政治理论课教学改革创新要注重结合时代发展特征和当代大学生特点，将习近平新时代中国特色社会主义思想及时融入高校思想政治理论课教学内容当中，注重实现理论话语内容与教学话语内容的时代转化。要注重结合历史发展和社会形势，编写适合历史发展现实、时代发展要求的教材供学生学习。另一方面，教师教学的过程中要注意话语的时代化、生活化。思想政治理论课教师作为思想政治理论课的直接传播主体，是思想政治理论课话语的实施者，是和大学生有着直接接触的教育者，在开展思想政治理论课教学的过程中，教师要注意体现思想政治理论课话语内容的时代化与生活化。高校思想政治理论课话语内容包括理论话语内容和教学话语内容。其中，理论话语内容主要指的是思想政治理论课教师所了解与掌握的马克思主义理论知识与思想道德知识，教学话语内容指的是教师对理论话语内容的再加工与再创造。理论话语内容是教学话语内容的加工素材，教学话语内容可以更好地实现理论话语内容的价值，在理论话语向教学话语转化的过程中，高校思想政治理论课教师要注重发挥自身的主观能动性，实现理论话语内容与教学话语内容的时代化与生活化。因此，高校思想政治理论课教师应该首先加强自身对马克思主义相关理论知识的学习，把握马克思主义理论体系的本质内涵，完成马克思主义理论知识的内化过程。同时，高校思想政治理论课教师要结合时代发展特征和要求，将所学的马克思主义相关理论与时代发展实际结合起来，认真学习习近平新时代中国特色社会主义思想。在此基础上，高校思想政治理论课教师通过思想政治理论课教学，运用贴近学生实际的时代化、生活化语言来进行知识传授、思想指引，这样才能提高思想政治理论课教学改革创新的实效性。

（三）加强话语方式的灵活性感染性

话语方式是连接话语主体的中介力量，是话语内容得以转化的重要途径，是处于一定的话语情境、体现话语主体专业素养的方式。话语方式是由特定情境中的话语关系所决定的，具体表征为单向对话与双向对话两种情况。其中，单向对话话语方式忽视大学生的主体性，割裂了教师主导性与学生主体性的关系，更多的是把大学生视为被动的知识接受者，注重知识的灌输而忽视大学生对于知识的接受程度。双向对话话语方式则有利于把握教师的主导性与学生的主体性，尊重教师与大学生的双重主体地位。

高校思想政治理论课教学改革创新要注重加强话语方式的灵活性、感染性，要注重发挥教师主导性和学生主体性，坚持传统与现代的结合，采取灵活有效的话语方式以传播话语内容。新时代高校思想政治理论课教学过程中，时代发展具有新形势、新情况，当代大学生也有新特点、新要求。新时代意味着思想政治理论课具有新的话语内容，而新的话语内容需要借助新的话语方式才能更好地实现对话语接受者的意识形态感染与教育。高校要结合时代发展形势和大学生特点需求，改变传统的单向度话语方式，有针对性地采取灵活有效的话语方式，加强话语方式的灵活性、感染性，才能使思想政治理论课教学适应时代发展，才能提升思想政治理论课教学成效。高校思想政治理论课教师作为思想政治理论的直接传播主体，在进行思想政治理论课教学的过程中，要对新时代新的话语内容以双向对话的方式进行传播，注重在知识传播的过程中发挥教师的主导性与大学生的主体性。高校思想政治理论课教师要充分尊重大学生的主体地位，在思想政治理论课教学中实现与大学生的双向对话，在注重发挥教师的引导作用的基础上充分发挥大学生的积极性和主动性，通过师生之间的平等对话，营造平等、自由、民主的学习状态与氛围。加强话语方式的灵活性与感染性，采取双向对话的话语方式，是高校思想政治理论课教学改革创新要考虑的话语方式，是一种适应时代发展的创新方式。

三、提升思想政治理论课教师综合素质

高等学校具有十分重要的职能，是培养人才的教学中心，在培养人才方面发挥着重要的作用。高等学校开展的各类教育，都在为促进个人全面发展打下基础，对学生思想行为的形成起到十分重要的作用。教师是学校开展教育的实施者，教师素质的高低会对教学效果产生直接的影响。高校思想政治理论课教师作为高校教育队伍中的特殊群体，职责在于培养大学生的正确政治意识，提升大学生的马克思主义理论素养以及思想道德修养等方面的综合素质，思想政治理论课教师素质的高低影响着学生素质培养质量的高低，影响着大学生的成才发展。高校思想政治理论课教学实效性的提升需要高校思想政治理论课教师切实发挥高校思想政治理论课教学的主导作用，需要思想政治理论课教师提升自我的综合素质，在开展思想政治理论课教学的过程中，通过自我学识、人格魅力、教学技能等来感染学生、教育学生。

思政课教师要做到"政治要强、情怀要深、思维要新、视野要广、自律要严、人格要正"。"六个要"是高校思想政治理论课教师综合素质提升的总体要求，"六个要"相辅相成，是高校思想政治理论课教师提高综合素质的价值引领，为思想政治理论课教师综合素质的提升提供了方向与指引。其中，"政治要强"要求思想政治理论课教师要做到政治立场坚定、政治意识明确、政治知识深厚、理想信念坚定；"情怀要深"要求思想政治理论课教师要做到心怀国家民族、关心家国大事、关心学生成长；"思维要新"要求思想政治理论课教师要做到思想创新、教学创新，在思想政治理论课教学过程中不断创新提升教学成效；"视野要广"要求思想政治理论课教师要做到学识渊博、视野宽广；"自律要严"要求思想政治理论课教师要做到严格自律；"人格要正"要求思想政治理论课教师要做到身先示范、人格高尚。新时代，高校思想政治理论课教师要发挥教书育人的作用，以"六个要"标准严格要求自己，不断提升自身综合素质，为培养社会主义未来合格的建设者和接班人而努力。

（一）坚定理想信念，厚植家国情怀

高校思想政治理论课教师首先要做到"政治要强""情怀要深"，明确自身的育人重任，明确自身的政治使命与教师职责。首先，要坚定政治立场、坚定理想信念。高校开展思想政治理论课教学的过程中，思想政治理论课教师作为教学主导者担负着落实铸魂育人、立德树人根本任务，对于大学生具有直接影响。高校思想政治理论课教师首先要有坚定的政治立场和坚定的理想信念，才能给学生以正确的教育引导。相较于其他专业课教师而言，高校思想政治理论课教师必须有更高的政治觉悟、更坚定的政治立场，明确自身肩负的为

党育人、为国育才的时代重任。在思想政治理论课教学过程中自觉与党中央保持一致，坚定自己的政治态度和政治立场。

一方面，高校思想政治理论课教师要注重提升自身的政治思想素质。首先，高校思想政治理论课教师要明确自身的政治任务，同时要加强政治理论学习，坚定理想信念。高校思想政治理论课教师首先要明确自身的职责与使命，明确作为思想政治理论课教师要为党和国家的教育事业发展而奋斗，为社会主义建设事业培养时代新人，要坚持"四个服务"意识，即为人民服务、为中国特色社会主义服务、为改革开放服务和社会主义现代化建设服务。要明确"为谁培养人"与"培养什么人"，积极履行义务与职责。其次，要加强政治理论学习，提升马克思主义理论素养。高校思想政治理论课要坚守马克思主义在意识形态领域的指导地位，坚持马克思主义的与时俱进，坚持培育大学生德、智、体、美、劳全面发展的基本原则。思想政治理论课教师作为课程教学主体，应该积极发挥主观能动性，具有扎实的专业学识，努力提高自己的马克思主义理论素养。高校思想政治理论课要丰富自身的政治理论学识，自觉学习掌握马克思主义相关理论知识，学习掌握党的基本理论、基本路线、方针政策，要深入了解当今的国际国内形势的发展特点。高校思想政治理论课教师要通过多种途径不断增强自身的政治理论水平，只有教师首先具有渊博的学识才能给予学生全面的指导。在此基础上，新时代高校思想政治理论课教师要坚定"四个自信"，即坚定道路自信、理论自信、制度自信和文化自信，积极做马克思主义理论的传播者。高校思想政治理论课教师应该坚持马克思主义的与时俱进，用马克思主义理论中国化的最新成果教育指导学生，用习近平新时代中国特色社会主义思想教导学生，引导大学生树立马克思主义的世界观与方法论，教育大学生为实现社会主义现代化强国与中华民族伟大复兴而自觉努力奋斗。

另一方面，要厚植家国情怀，投身教育事业。高校思想政治理论课教师应该具有深厚的家国情怀，以培养时代新人为己任，为党育人、为国育才。

高校思想政治课教学开展过程中，教师要做到关注国际国内形势发展，关注社会现实、网络热点，在教学过程中教育引导大学生正确看待国际国内问题，保持立场坚定，头脑清醒，同时在教学中以情感人，关注学生的成长成才。

（二）开拓创新思维，拓宽扩大视野

高校思想政治理论课教师要做到"思维要新""视野要广"，在思想政治理论课教学过程中不断创新思维、拓宽视野，探索教书育人的有效路径。高校思想政治理论课教师要运用马克思主义历史唯物主义和辩证唯物主义的思维方法和广阔的视野来看待和分析、解决问题，要用新思维、广视野来探索思想政治理论课教学，提升思想政治理论课教学成效。

高校思想政治理论课教师在开展思想政治理论课教学的过程中要用新的思维方法和广的视野视角，把握好大学生的成长规律，引导他们树立正确的世界观、人生观和价值观。一方面，高校思想政治理论课教师要具有创新思维。在开展思想政治理论课教学的过程中，要"因事而化、因时而进、因势而新"，结合新时代发展形势要求和大学生特点需求，不断更新拓展教学内容，不断改进创新教学方式，以新的视角、新的教学理念去应对教学中出现的新问题和新情况；要结合大学生的成长成才规律引导大学生形成对世界和中国发展趋势的正确认识，培养大学生自觉肩负起时代责任。高校思想政治理论课教师要根据实际，发挥主观能动性，以贴近大学生的手段与方式来开展思想政治理论课教学工作。另一方面，高校思想政治理论课教师要具有广阔的视野。在开展思想政治理论课教学过程中，作为理论课知识的传授者和大学生的引路人，思想政治理论课教师的视野对大学生的视野具有较大的影响。高校思想政治理论课教师要拥有宽广的视野，在此基础上教育和引导大学生客观、辩证地看待中国与世界的关系，正确理解世界大格局，培养大学生分析问题、解决问题的能力。

（三）坚持严格自律，保持人格正气

高校思想政治理论课教师要做到"自律要严""人格要正"，在思想政治理论课教学过程中做到严格自律、身先示范、人格高尚，通过自身魅力去教育感染学生。高校思想政治理论课教师要坚持严格自律，保持人格正气，要对自身品格进行自我约束，做到为人师表、以身示范，不断提升个人品德，教师只有先约束好自身品格才能获得大学生的尊敬。高校思想政治理论课教师要坚持以德立人，努力提高自身的道德修养。在社会主义道德知识学习、恪守教师职业道德规范、培育和践行社会主义核心价值观等方面，高校思想政治理论课教师首先要严格自律，规范自己各方面的行为。高校思想政治理论课教师要恪守《高等学校教师职业道德规范》，从爱国守法、敬业爱生、教书育人、严谨治学、服务社会、为人师表六个方面明确自己的职业责任、道德原则及职业行为，增强教书育人的责任感和使命感。高校思想政治理论课教师应自觉遵守高等学校教师职业道德规范，做到严格自律，同时以身作则，用自身的行为举止去教育影响学生。高校思想政治理论课教师在引导大学生自我约束严格自律时首先应该做到严格约束自身，做到身先示范、言行一致。高校思想政治理论课教师在弘扬社会主义核心价值观的同时也要践行社会主义核心价值观，做正能量的传递者与实行者，用自身的人格魅力去获得大学生的尊敬与认同，用高尚的人格去感染大学生。

高校思想政治理论课其鲜明的政治性和价值导向性，要求思想政治理论课教师自身首先要具有较高的政治素质、坚定的政治信仰，才能引导大学生去认同马克思主义的基本立场、观点和方法。高校思想政治理论课教师首先要做到严格自律。同时，要注重端正人格，包括政治人格、情感人格、学识人格等方面，用自身的人格魅力去教育学生、感染学生，让学生在与教师的接触中以教师为榜样来提高自身的综合素质，为实现中华民族伟大复兴中国梦自觉努力奋斗。

四、创新思想政治理论课教学手段方法

高校思想政治理论课教学改革创新要注重教学方式方法的改进创新。高校思想政治理论课教学方式方法是教学内容得以展现的载体，是教师开展教学的重要途径。灵活有效的教学方法是高校思想政治理论课实效性得以提升的关键因素。新时代高校思想政治理论课教学改革创新要结合大学生特点，充分利用各种资源，创新教学方式方法，采用大学生喜闻乐见的教学形式来提高大学生学习的积极性和主动性，从而提升思想政治理论课教学的实效性。高校思想政治理论课教学改革创新要充分利用课堂内外、校园内外的教学资源和平台，合理运用各种教学载体，改革创新思想政治理论课教学方式方法，包括改革创新课堂教学方式方法和课外教学方式方法，充分发挥课堂内外教学因素的作用，采取灵活多样的教学方式方法，不断提升思想政治理论课教学成效。

（一）利用文化资源，采取文化熏陶教育法

文化是一个国家、一个民族的灵魂。文化兴则国运兴，文化强则民族强。文化是一种社会历史现象，表现为思维方式、价值观念、生活方式、行为规范、艺术文化、科学技术等方面，是对客观世界感性上的知识与经验的升华，是在人们不断实践的过程中产生的，可以对人产生潜移默化、深远持久的影响。大学生的世界观、人生观、价值观受文化所影响，是在其个人长期的生活和学习过程中形成的，是各种文化因素交互影响的结果。中华优秀传统文化、革命文化、社会主义先进文化为思政课程提供深厚的力量，包括"知识与真理的力量、道德与价值的力量、精神与信仰的力量、自信与自立的力量、历史与时代的力量"等方面，新时代加强思政课程建设，需要彰显文化的价值与力量，发挥文化的育人功能。《关于新时代加强和改进思想政治工作的意见》指出，要"更加注重以文化人以文育人，深入实施文艺作品质量提升工程，深入实施中华优秀传统文化传承发展工程，推进城乡公共文化服务体系一体建设，更好满足人民精神文化生活新期待"。高校要积极利用文化资源，在教学内容中加入中华优秀传统文化和革命文化、社会主义先进文化，发挥优

秀文化的育人作用，将优秀的文化引进课堂、引进校园，引导大学生积极参加健康有益的文化活动，积极阅读优秀的文化作品，用优秀文化来感染学生。高校思想政治理论课教学改革创新要注重文化在课堂课外教学中的作用。

一方面，课堂上教师要积极利用相关文化资源，讲好中国故事，将各种文化资源的教育因素和课本知识内容结合起来；另一方面，课堂外要积极挖掘文化学习资源，发挥课堂外文化资源的育人作用。首先，高校要积极利用校内文化资源，创设良好的校园文化环境来开展对大学生的思想政治教育。高校思想政治理论课教学改革创新过程中，可通过挖掘校内思想政治教育文化资源，从环境营造、树立典型等方式来进行思想政治理论课教学，提高思想政治理论课教学成效。比如，通过典型人物的雕像塑造、宣传栏标语展示、先进人物事迹图片展示等方式来开展对大学生的思想政治理论课教育，提升思想政治理论课教学成果。其次，高校要积极利用校外红色文化资源，通过校外红色资源来加强对大学生的思想政治教育。要用好红色资源、传承好红色基因，把红色江山世世代代传下去。中华民族有很多红色文化教育资源，比如"红船精神""苏区精神""井冈山精神""延安精神""沂蒙山精神""遵义会议精神""长征精神""抗战精神""西柏坡精神"等，高校可结合实际情况，组织学生到红色精神产生的地方进行参观学习，通过实地学习来接受文化熏陶，提升自身的修养。

（二）利用网络资源，采取多媒体网络教学法

当今是信息化网络化的时代，大学生日常的学习生活与网络媒体紧密相关。当今时代，网络媒体作为信息传播的重要载体具有开放性、互动性等特点，人们可以通过网络媒体迅速接收大量的信息。高校思想政治理论课教学改革创新要积极利用网络媒体，发挥网络媒体在思想政治理论课教学改革创新中的作用。高校思想政治理论课教师要积极利用网络资源，发挥网络上的思想政治理论课教育资源的作用。同时，高校思想政治理论课教师要积极创新教学手段，利用多媒体技术开展思想政治理论课教学。多媒体网络教学方法主要是借助计算机技术用声音、图像、视频等多种方式展示教学内容的方法。多媒体网络方法打破传统的单一照着课本印刷内容讲授的教学方法，是在教学过程中通过丰富多样的图片、声音、影像等元素的融入来展示教学内容的方法。多媒体网络方法具有吸引力强、展示力强等特点，是大学生比较喜欢、比较乐于接受的方式。活灵活现的视频能够吸引大学生的注意力，引起大学生学习的兴趣，提高大学生学习的积极性。

一方面，将多媒体技术应用到教室教学上，丰富课堂教室教学形式。高校思想政治理论课教师要利用网络载体，采用多媒体网络教学方法。在课堂进行知识讲解的时候，打破

传统的单一的照本宣科的教学方式，让学生除了教材文字图案的学习，也通过其他声音、影像的学习来接收相关知识。另一方面，将多媒体网络利用到教室外的教学中去，发挥线上教学作用。线上教学具有灵活性强、互动性强、时间限制性小等特点，是线下课堂之外的有效补充方式，高校思想政治理论课教学改革创新要注重发挥网络的有利作用，注重线上教学作用的发挥，采取线上线下相结合的教学方式来开展思想政治理论课教学。高校要积极利用网络平台构建线上线下的教学模式，将线上教学与线下教学结合起来。信息化网络化的时代，大学生的学习、生活很多方面都要通过网络来开展，网络平台作为一种重要的平台对大学生的学习、生活具有很大的影响。

（三）利用活动载体，采取实践活动教学法

高校思想政治理论课教学改革创新需要发挥活动载体的作用，通过实践活动教学让大学生参与其中，提升学习的主动性和积极性。实践教学法是大学生巩固理论知识、加深理论认识的有效途径。有利于学生素养的提高和正确价值观的形成。高校思想政治理论课教师要通过开展实践教学活动，将思想政治理论课教育内容寓于大学生喜闻乐见的实践活动之中，通过实践教学活动来发挥大学生的主观能动性与创造性。高校思想政治理论课教学改革创新要注重发挥校园实践活动和校外实践活动的作用。

一方面，利用校园实践活动开展教育。高校思想政治理论课教学开展过程中，可组织大学生在校内开展相关活动，比如志愿服务活动、诚信教育、寝室文明评比、主题征文比赛、争先创优演讲等活动，校园实践活动是课堂教学的补充与拓展，通过校园实践活动可将思想政治理论课课堂教学与实践育人结合起来，丰富思想政治理论课实践教学形式。另一方面，利用社会实践开展教育。高校思想政治理论课教学改革创新要注重利用社会大课堂，通过实践教学活动的开展来推动学校思政小课堂与社会大课堂的有机结合，促使大学生在实践活动中接触社会，观察、思考和解答问题。比如，高校可组织大学生结合教学主题内容深入学校、社区、街道等开展调研实践活动、志愿服务活动等，组织大学生到政府机关、企事业单位、精准扶贫一线开展基层实践锻炼，组织大学生到博物馆、革命圣地和红色地区进行参观调研等，促使大学生通过与社会的接触来更好地接受教育。通过各种活动的举行开展实践教学，有利于深化课堂教学，有利于将第一课堂与第二课堂结合起来，使思想理论教学与生活实践相结合，提高大学生学习的积极性和主动性，提高思想政治理论课教学质量和效果。

（四）利用典型案例，采取案例教学法

案例教学法也是情景教学法，是在教学过程中通过现实案例的重现而让学生加以学习、分析和评判的过程，从而深化学生对相关科学知识的掌握、提升学生的综合素质的一种教学方法。案例教学法具有明确的目的性，主要是通过具有代表性的典型事件，让学生结合案例进行思考和分析、评价，通过对案例特别是先进案例的学习来提升自身的思想道德素养，提升自身分析问题解决问题的能力。同时，案例教学法具有较强的说服力。案例教学一般都是通过对客观真实的具有代表性的事件的重现或描述来让学生学习，都是发生在现实中的真实例子，具有代表性、说服力，在教学过程中能够提供学生学习的积极性。《关于新时代加强和改进思想政治工作的意见》指出，要"充分发挥先进典型示范引领作用，深化时代楷模、道德模范、最美人物、身边好人等学习宣传，持续讲好不同时期英雄模范的感人故事，探索完善先进模范发挥作用的长效机制，把榜样力量转化为亿万群众的生动实践"。高校思想政治理论课教学改革创新需要发挥案例教学法的作用，在思想政治理论课教育教学中采用案例教学法，能促使思想政治理论课理论知识学习与现实社会和生活实际例子结合起来，有利于吸引学生学习的兴趣，提升思想政治理论课教学成效。

一方面，举行"名师进课堂"教学活动。可通过邀请校内外先进模范、行业典型进课堂的形式来现身说法，邀请地方党政领导干部、企事业单位负责人、社科理论界专家、各行业先进模范、抗战老兵、校内先进典型人物等走进思想政治理论课堂进行讲学，结合自身的优秀经历帮助大学生了解和学习，促使大学生以先进为榜样，以优秀为目标，不断提升自身的综合素质。

另一方面，进行课堂案例分析活动。高校思想政治理论课教师在开展思想政治理论课教学的过程中，可组织大学生对社会历史或当前现实中的案例进行剖析来习得相关理论知识，培养正确价值观念。进行案例教学的过程中，高校思想政治理论课教师要注重选取有针对性的教学案例，设计好对教学案例的思考讨论等环节，包括组织落实好课堂案例的讨论、分析，及时对学生的表现进行点评和总结，案例分析报告的撰写等方面。

第五章　新时代高校思想政治理论课教学评价与师资队伍建设

第一节　新时代高校思想政治理论课教学考核评价体系创新

一、思想政治理论课教学考核评价体系创新的必要性

近年来，中共中央、教育部要求各高校采取切实措施加强思想政治理论课的教学改革，改革教学方法，提高教学质量。思想政治理论课课堂教学是实现教学目标的主要渠道，构建高校思想政治理论课课堂教学考核评价体系在提高思想政治理论课教学质量方面的重要性不言而喻。故此，深入研究和剖析高校思想政治理论课考核评价体系，具有重要的现实意义。

（一）思想政治理论课教学考核评价存在的问题

就目前高校的思想政治理论课教学考核评价体系来看，主要存在下列五点问题：

第一，思想政治理论课教学考核的评价目标不够明确。教学目标是教学过程的出发点和归宿，是教学评价的依据。思想政治理论课教学考核评价其实就是判断思想政治理论课程与教学计划是否达到或者达到何种程度教育目标。当前思想政治理论课教学的目标既有根本目标与具体的课程目标，又有三维目标（知识与技能目标、过程与方法目标和情感态度与价值观目标）。其根本目标就是实现立德树人，不断提高学生思想水平、政治觉悟、道德品质和文化素养，实现人的自由全面的发展。而具体的课程目标又是以当前高校开设的五门思想政治理论课得以指向和划分。传统的教学考核评价目标仍是以教学目标为参考，且过多侧重于知识目标，对于能力目标与价值观目标的设置过于宏大，对于立德树人根本目标的实现更是无法衡量。这就导致评价目标与教学目标的偏离，在实现有效平衡以及建立有实际参考价值的指标方面还存在一定的问题。

第二，考核评价体系部分功能弱化。科学合理的教学考核评价体系有着引导评价对象朝着理想目标前进的功能，是开展课堂教学工作的重要指引。传统的思想政治理论课考核

评价过多采用在课程结束后学生给教师打分或者教师通过考试给学生打分的形式进行，更倾向于结果性评价而非过程性评价，评价工作一结束就意味着所有教学工作和学习工作的结束，这使得思想政治理论课考评导向功能的作用未得到最大限度的发挥。

第三，评价主体缺位失位。考核评价只有从多个不同利益主体的角度出发，才能保证评价结果是客观且全面的。教育部在《关于深化高校教师考核评价制度改革的指导意见》中明确提出"学生—督导—同行—教师"是实行教学质量综合评价的四位主体。而长期以来在传统的教学考核评价体系中，主要是在教师在学生之间来进行评价，同行和督导参与较少，且大多数人在评价时掺入主观因素，"人情分"的情况屡见不鲜。虽然，同行和督导不直接参与教学活动，但也应与教学活动主体之间进行必要的沟通，一同发挥评价合力。

第四，对于思想政治教育实践教学的考评内容相对单一化，不能有效反映教师的课程教学质量，也不能真实反映学生的学情，在构建相应的考评体系上缺乏有效措施，导致整体的考评缺乏规范化。

第五，缺乏有效的考评方法，考评结果缺乏实用性和真实性。在实践教学的考评工作中，相应的考评方法不先进，考评技术落后，严重影响了考评的实际效果，造成考评时间延长、效率降低，整体考评的最终结果也没有很好的参考性。

（二）提高思想政治理论课教师队伍整体素质的必要手段

专业且科学的教学考核评价机制是引导思政课教师队伍专业化建设方向，准确评估队伍状况，是进一步提高整体素质的必要环节。我国思想政治理论课教师队伍整体上素质过硬、教学水平较高，但队伍本身还存在与现实需要不适配的问题。思想政治理论课在高校内是公共必修课，任何专业的学生都需要进行思想政治理论知识的学习。教育部出台的《新时代高等学校思想政治理论课教师队伍建设规定》，高等学校应当根据全日制在校生总数，严格按照师生比不低于 1：350 的比例核定专职思想政治理论课教师岗位，这就导致许多高校存在任课教师不足的问题。为了改善这种情况，一些高校将其他岗位的教职人员纳入思想政治理论课教师队伍中，这些教师的专业学科背景与思想政治理论课不相关，这就在一定程度上导致了思想政治理论课教师队伍的复杂化。而通过教学考核评价，会反馈出教师师德师风、教学、科研等各方面的表现状况，发现问题进而解决问题，从而进一步提升思政课教师的素质。

（三）反馈思想政治理论课教学中存在问题的重要依据

检查学生的学习效果和反馈教师上课的实效性是教学工作中的重要环节。如果没有考核评价，整个教学活动就会变成只有执行而没有反馈的过程。思想政治理论课教学考核评价体系的构建可以按照一定的评价标准对课堂教学的整个过程进行合理"诊断"，发现思想政治理论课教学过程的不足之处。一方面，帮助我们诊断思想政治理论课教学效果达到了何种程度，并发现在教学过程中存在的问题，比如教学计划的设置是否合理、教学方法是否能被学生接受、教学管理是否有效等。另一方面，帮助我们了解学生知识掌握的情况、能力提升的情况、对任课教师的意见以及对思想政治理论课的学习态度等，并且可以有效地检测思想政治理论课教学质量。考核评价的信息会及时反馈教学过程中的不足之处，还可以根据问题找到成因，进而为下一步课堂教学改进和完善提供依据。教师可以根据评价结果"对症下药"，及时改善教学行为，更高效地实现教学目标。学生也可以根据反馈信息，了解自身学习情况，积极正面的评价能激发学生的学习动力和热情，以获得更好的学习效果和促进自身发展。这既需要思想政治理论课教师直面问题、自觉及时调整，更需要学生的积极参与和自我调节。

教学评价不仅是对客观教学过程和结果的简单价值判断，更是指导和改善教学的指挥棒。以什么样的标准构建教学评价体系，对形成科学的教学评价体系和有效地实现教学目标有直接意义。科学合理的课堂教学考核评价体系能够反过来指导课堂教学的开展，对于教学实效性和质量的提高也有重要导向作用。很多时候，要有一定的标准和方向作为开展思想政治教育工作的重要指引。考核评价就像指南针，为思想政治理论课课堂教学改革和发展指引方向。较好的评价结果会对师生产生正面的激励作用，不好的评价结果也能够让师生产生一定压力及时改进教学和学习。不管是工科大学、文科大学还是综合性大学，都应结合自身办学类型、办学层次等实际问题，建立适合本校的考核评价体系，不可盲目照搬其他学校的考核评价体系，避免千篇一律的现象。

二、思想政治理论课教学考核评价体系创新的重要性

（一）有利于激励师生共同进步

教学考核评价除了可以看出教学效果达到何种程度以外，还可以使存在的问题获得改进，从而有效地促进师生的共同进步。教学评价的出发点在于全面贯彻教育方针，培养全面发展的人。因此，思政课的教学考核评价就要以思政课堂的教学目的以及教学原则的要求为评价标准，对思政课的教学实效做出判断。科学的评价理念以及合理的评价制度和评价体系，才能确保实现思想政治理论课教学的育人功能。思想政治理论课教学考核评价通常涵盖教师以及学生两个部分。对于教师来说，主要是对其课堂的教学手段、教学设计、

课堂管理、教学效果进行评价；对于学生来说，则是对其在学习思想政治理论知识后的成果和学习效果进行评价。对教师来说，他们的教学活动经过评价后，一些教师会获得一个相对满意的评价，使他们得到了积极的肯定和鼓励，从而激发思想政治理论课教师的内在动力；还有一部分教师通过评价结果反思了自己教学活动中存在的不足之处，明确今后努力的方向，进而加以改正，这就对教师产生了一定的规范和制约。对学生而言，学生学习知识的情况可以经过教学考核评价进行分析说明，能够调动其学习积极性，且有利于形成学生之间良好互助的学习氛围。思想政治理论课教学考核评价体系的构建有利于调动学生学习思想政治理论课的主观能动性，激发学生的自主学习热情。另外，对考核评价结果不太理想的学生也会在一定程度上激发其斗志，通过考核评价激励被评价者向更好的方向发展。对思想政治理论课教师和学生来说，在评价过程中既能够体验到成功的快乐和满足，也会感受到因未实现目标的遗憾而带来的压力和紧张，这些都会直接或间接地对双方产生激励作用，推动教师更加有效地开展教学工作，切实提升高校的思想政治教育水平，促进师生共同进步。

（二）有利于提高思想政治理论课课堂教学实效

构建科学的教学考核评价体系是不断提高思想政治理论课教学实效，促进思想政治教育良好发展的一项重要工作。思想政治理论课是大学生接受思想政治教育的主战场，长期以来，许多专家学者都把研究重点放在如何提高思想政治理论课教学质量，如何发挥思想政治理论课教育实效，实现育人功能这一重要工作上，这也是当前许多教育工作者普遍重视的热点问题。课堂教学考核评价是教育教学过程中必不可少的重要环节，它对于深化教学改革、提高思想政治理论课的教育实效具有重要作用。通过科学的考核评价体系的运用，得出有效的考核评价信息，可以诊断出思想政治理论课教学中的问题所在，针对存在的不足加以改善，从而达到教学目的，提高思想政治理论课课堂教学实效。在实际的课堂教学中，教师的教学准备是否充足、教材处理是否规范、课堂管理是否得当，学生的知识接受程度以及课后的学习效果都能通过评价体现出来。倘若教学考核评价体系不完善或者只是流于形式，没有科学合理的评价指标，那么高校思想政治教育效果的提升和优化也就没有基础可言，立德树人的根本任务的落实则无法保证。

（三）有利于推动教学改革

思想政治理论课教学考核评价是深度推进教学改革切实有效的重要举措。从教师的角度看，其首要任务就是教学，如果在教学考核评价中注重对教学内容、过程、方法等方面创新的考核评价，则有助于激发教师积极推进教学改革，提升思想政治理论课教学实效。教师在新的考核评价指标的推动下，合理安排教学内容，适当地借助现代教育技术，将传统的教学方法与新型的现代教育方法创造性地结合起来，探索出行之有效的教学方法。这要求我们要熟练掌握和运用先进的现代教育理念，还要求运用切合教学改革需要的评价内容、方法和标准体系。相关文件的出台一定程度上使教学评价中关于"教"这一方面应该评价些什么内容提供了参考。

综上所述，合理有效的教学考核评价体系在一定程度上有利于促进思想政治理论课教师进行教学创新，变革传统陈旧的教育思想，推进教学改革。

高校思想政治理论课关涉立德树人根本任务的落实。立德树人是教育的根本任务，而思政课则是落实立德树人根本任务的关键课程。思想政治教育的实质是为了促进个人自由全面的发展，并为社会主义建设做出贡献，这与教育的根本任务是一致的。高校思想政治理论课是牢牢把握对青年进行价值引领的主渠道和主阵地，新时代高校思想政治理论课通过构建新型的教学考核评价体系，改善以往高校思想政治理论课课堂教学重知识目标轻情感目标的评价方式，引导学生学会辨别、思考，侧重关注学生在学习活动中的情绪以及课后的价值观念发展情况。通过考核评价标准的设定来慢慢改善思想政治理论课课堂教学评价中出现的问题，提升思想政治理论课课堂教学的效果。

三、思想政治理论课教学考核评价体系有效性思考

评价泛指衡量人或事物的作用或价值。教学评价主要是指对课堂教学活动过程与结果做出的系列的价值判断行为。思想政治理论课教学评价体系不仅包括对教师的教学活动及手段、内容、方法等进行评价，还包括对课堂中学生的学习态度、行为学习和效果多个方面的评价。此外，还应该包括课堂教学过程中所涉及的各个方面及教学效果等。教学考核评价长期存在于高校教育领域并经常开展，对于师生的共同进步、马克思主义理论学科的发展以及推动教学改革具有重要意义。教学活动从开始到结束都会受到评价考核。思想政治理论课教学考核评价体系的有效性，则是指教学考核评价活动对其预设目标的实现程度。有效性教学评价主要涉及对学生学业成就的评价与教师教学专业活动的评价，全面评价学生的综合素质和教师的教学绩效，以达到高校思想政治教育效果为宗旨。思想政治理论课有效性教学考核评价体系是根据思想政治理论课的课程标准、任务和基本原则，利用一定的评价技术和方法（手段），对教学过程及其效果给予教学价值与教学效益上的判断，为被评价者提供一个自我展示的平台和机会，鼓励被评价者展示自己的水平和成绩，并做出结论或资格证明。在很大程度上，它是检验教学效果及教学改革方向正确与否的重要手段，

是检验思想政治理论课教学有效性程度的有力措施，也是有效教学的一个不可分割的重要组成部分，同时也是一种积极、有效的激励手段。

思想政治理论课有效性教学评价既包括教学设计方案的评价，也包括教学过程和教学效果的评价。教学设计方案的评价是对思想政治理论课教师所设计的教学方案进行全面的价值判断；教学过程和教学效果的评价是对教学设计方案实施过程及其有效性的评价。设计与实施是教学的不同环节，设计是实施的操作蓝图，实施则是把蓝图变为现实的过程。教学设计的评价侧重于对教学方案科学性、创新性、实用性、针对性和可操作性进行评估；而教学过程和教学效果的评价则是侧重于对学生自主学习与合作的探索过程和综合素质的发展做出评判。两者既不能截然分开，也不能相互代替，而是相互补充、相得益彰。什么样的教学才是有效的？有时教师讲得很多，但恰巧是阻碍了学生的思考，阻碍了学生探索性与研究性学习的产生，实际上这种教学并不是有效教学。有效的教学应引导学生积极、主动地参与学习，因为知识是不能传递的，教师传递的只是信息，知识必须通过学生的主动建构才能获得。也就是说学习是学习者自己的事情，谁也不能代替。因此，学生学习的有效性首先体现在学生是否积极主动地参与学习，以保证对知识的主动建构；教师教学的有效性首先体现在能否调动学生的学习积极性，促进学生对知识的主动建构的过程。如何评价思想政治理论课教学的有效性呢？

（一）确立有效性评价的基本原则

思想政治理论课教学考核评价体系内容十分广泛，评价对象可以是个体也可以是集体。一句话，在教学过程中，对一切人与事都可以进行评价。但评价并不是盲目、随意的，也不是主观想象、朝夕万变的，而是要遵循下列基本原则，力求评价考评体系的科学性、针对性、系统性和权威性。

1. 主体性原则

思想政治理论课教学不同于其他各科的教学，它更具有思想性和政治性。思想政治理论课理应注重培养学生树立正确的世界观和价值观，还须对学生进行政治引领，使其具有更高的政治素养和更坚定的政治立场。它更强调学生在教学中的主体地位，因此，评价的落脚点应放在有利于促进学生的发展。还注重学生学习方式的转变。当学生处于主体地位时，他们独立探索的可能性就越大，学习的欲望也就更强烈，则更有利于培养他们自身的创造精神，教学就越有针对性和有效性。因此，教学评价必须突出主体性原则，强调以人为本，以学生个性与全面发展为中心，让学生从被动接受性学习的评价逐步转向主动参与性学习的评价，必须把培养大学生放在教育教学评价的中心地位，自觉地将评价变成主动参与、自我反思、自我教育、自我发展的过程，从而使思想政治理论课教学真正成为培养学生创造性的"乐园"，让教学活动充分体现出学生是发现问题、探索问题、提出问题和解决问题的行为主体。

2. 发展性原则

有效性教学评价的关键，就是要求评价者用发展的眼光看待教与学的主体，以学生的进步与发展来检测教与学的有效性信度。从总体上来说，评价是指导教师大胆地创造适合学生的教育，也就是说教学应当是教师主动地适应学生，而不是主宰学生。评价是为学生的进步与发展服务，而不是学生的发展为评价的需要服务。在教学过程中，教师必须注重全体学生创造力的发展，不能把目光只投向少数尖子生、专长生；要注重学生的全面发展，不能只突出一方面而偏废其他方面；还要注重全体发展和全面发展前提下的个性发展和自主发展。因此，有效性教学评价既要考虑全体学生的面上的活动情况，更要重视特长学生的个性发展状况，为学生的终身发展奠基。当然，评价也是为了促进教师自身的发展，有了教师的发展才有学生的发展。

3. 创造性原则

激发创造情感是实施有效性教学的前提和基础，也是思想政治理论课有效性教学的内在要求。思想政治理论课教学的各个环节、各种手段和整个过程，都应该充分体现创造性思维，做到与时俱进，营造无时不创造、无事不创造、无人不创造的生动活泼的环境氛围，使学生在创造情感的支撑下，创新思维活动得以充分实现，创造才能和创新精神得以充分展示、外显。因此，有效性教学评价的主要原则是创造性原则。没有创造就没有发展，没有创新就没有教学，创新是有效性教学的灵魂。当然，主要原则并不等于唯一原则，评价标准应当多元化而且必须多层次化。因为单以"创造性"来评价教学过程的有效性，就会引导教师单纯追求教学设计的创意，追求教学方法的新颖、教学媒体的特色而忽视教学过程的科学性和有效性。

4. 可操作性原则

可操作性是指将考核评价体系各个要素化为具体的目标或者操作程序使用可操作性语言加以解读。例如，设计方案的科学性、有效性是教学设计的目标之一。但是，科学性是抽象的、原则性的概念，不具有直接操作性。但它包含的指标很多，可以根据教学的实际情况，选择以下三项直接可测性的指标来体现科学性：一是教学设计与施教方案的观点、目标、内容、方法是否正确；二是设计方案是否符合现代教育教学规律，教学过程是否优化有序，是否体现教与学的互动、合作、探究；三是设计方案与教学方法是否从学生的实际出发，具有可行性和针对性。总之，评价指标只有具有可操作性，评价才可能是科学、可行和有效的。一般来说，对大学生掌握马克思主义理论知识及其运用的教学评价指标应具有明晰性，可通过对考核指标体系的建立来考查大学生对知识的掌握程度。而对马克思主义世界观是否已经建立起来，就要考查大学生是否相信马克思主义、是否热爱社会主义、是否具有积极向上的人生观和世界观，在评价时只能通过大学生的日常实践来进行评价，如是否关注当前马克思主义理论及实践的发展、对党的领导地位及能力是否有正确的认识、是否积极要求入党、是否能正面看待社会主义的发展、是否参加封建迷信活动和反党活动等。

（二）构建思想政治理论课教学考核评价体系的有效策略

1. 构建多元化评价主体

教学活动是师生之间、学生之间互动与共同发展的过程，让他们参与教学考核评价活动是必然的，但由于学生和教师是教学活动的直接参与者，在教学考核评价中不可避免地会带有一些主观性，因此，教学考核评价参与者不能仅仅限于学生和教师。构建多元化的评价主体，从多个角度出发，才能使评价结果更公正、更全面、更有说服力和指导性。在思想政治理论课教学考核评价中，建立"学生—教师—同行—督导"的多元化评价主体，实行教学考核综合评价，是全面考核评价高校思想政治理论课教学的必然要求。

第一，学生评价是主要参考。思想政治理论课教学活动是为学生服务的，学生在教学活动中是最能感受到该活动是否满足了"我"的需求的，从而衡量思想政治理论课课堂教学活动的价值和效果。所以，学生必须是教学考核活动的主体。对于学生来说，首先，要端正自己的评教态度，尽可能地对教学活动的开展和自己的学习情况进行客观、全面的评价。其次，要明确知道考核评价的目的是什么。学生只有明确教学考核评价是为了自身发展才能更加积极参与评教活动，提高评价效果，而不是随意评价。再次，要能够熟练使用各种考核评价方法，提升评教能力。最后，对于考核评价过程中存在的问题要能够积极反映和提出相应的建议和意见。对于学生来说，其考核评价的对象包括思想政治理论课教师、其他同学及自身。通过对学生的问卷调查、座谈等方式，可以比较客观地反映出教师的教育教学水平和能力，也能够了解教师在职业道德、个人品德、教学能力等方面的表现。针对上述情况我们要培养学生的评价能力，提高学生评价素养，并且要对学生进行相关的培训。

第二，教师评价是重要导向。教师是教学活动的组织者和实施者，教师在教学过程中可以观察到学生的学习状态和知识接收度，这是判断教学活动是否有效的重要表现。而且教师有丰富的教学经验，有自我省察和反思的能力，对教学活动中的不足之处更加了解。

思想政治理论课教师进行考核评价时，不仅要对自身教学行为进行考察，还要衡量学生的学习情况。评价范畴包括教学过程和教学效果。思政课教师对自身课堂教学各方面进行评价时，主要落脚点在于自我改进，自我评价的内容主要是对评价标准的认知和课堂教学行为的反思。对学生的学习评价，主要评价学生的知识理解情况和价值观发展情况。

第三，同行教师评价是辅助。思想政治理论课具有较强的专业性和政治性，与其他学科的教学评价方法和标准不尽相同。而同行教师从事的专业相同或相近，他们拥有丰富的理论知识和教学技能，熟悉思想政治理论课课堂教学的各个环节和教学标准，也熟悉学生的成长规律。还有部分教师致力于本学科的前沿研究，对于教学活动的安排是最清楚的，因此也更了解教学过程是否科学。他们是本专业领域的专家，在评价活动中更是发挥着不可替代的作用，能够对思政课教师提出宝贵意见，促进其专业能力的提升。一般来说，同行教师与思想政治理论课教师基本上是同一学院的教师，双方是同事，甚至有可能是朋友，这就要求同行教师拥有较高的考核评价素质，摒除人际关系干扰从而做出客观评价。此外，在考核评价中同行教师大多拥有丰富的从教经验，辩证看待有好也有坏，好处在于其能够准确发现上课教师存在的问题；坏处在于会受到经验主义的束缚，对于新的考核评价理念和标准的考虑不够。

第四，教学督导评价是补充，是思想政治理论课课堂教学考核评价主体的一个重要补充和参考。教学督导是从管理角度出发的评价主体，不会与教学评价结果产生利益相关，因此其处于一个较为中立、公平的位置，考核评价结果也会相对客观一些。教学督导主要分为校外督导和校内督导。校外教学督导则可以分为同级高校的教学督导以及更高层级的教学督导（如省级或是国家级）。校内校院两级的教学督导更加清楚、了解学校思想政治理论课课堂教学的实际情况，校外教学督导更加客观公正，二者各有优势。一般来说，教学督导的考核评价更加具有参考价值，但是覆盖面小，不能大范围地对思想政治理论课进行评价。无论是校内还是校外的教学督导，每个学期并不会大规模、多频次地对思想政治理论课教师的课堂教学展开听评课，听课次数有限，并未实现常态化听评课。但由于教学督导大多具有丰富的教学经验，在本专业具有较高的造诣，能够为教师的教学提出合理化建议，以提高教师的业务水平，更好地促进学校发展，督导是考核评价主体的重要补充。在我国部分高校督导还分为专职教学督导与兼职教学督导，其工作的重心也有所不同，应该分工明确、职责划分清晰。专职教学督导一般人数较少，可以将重心放在新聘用教师、以往教学评价分数较低、学生反映问题较多的教师身上。兼职教学督导人数相较专职教学督导人数多，其工作重心可以放在普通思想政治理论课教师和外聘教师身上。这样既分工明确又能避免重复评价，对于各类思想政治理论课教师都能全面覆盖，这样可以达到优化思想政治理论课课堂教学评价的目的。

2. 健全多样灵活的评价方法

评价方式是评价理念的反映，单一的评价方式很难将思想政治理论课教学效果反映出来。高校思想政治理论课是大学生接受科学理论武装、熏陶优秀文化的过程，涉及教学内容、手段和学生的学习状态等多个方面。因此，必须实现多种评价方式的有效融合，为思想政治理论课课堂教学评价提供工具，才能客观、准确、全面地采集思想政治理论课课堂教学质量数据。传统的考核评价活动经验主义色彩较为浓厚，大多采用"听课评课"的方式，从考核评价主体的经验出发，结合使用评价量表对课堂教学做出考核评价。随着高等教育的发展，我国课堂教学评价方式趋向多元化。

第一，终结性评价与过程性评价相统一。终结性评价是对一个学段、一个学科教学的教育质量的评价，其目的是对学生阶段性学习的质量做出结论性评价。终结性评价是我们目前常用的教学评价模式，评价的方式多用考试的形式来进行，对学生的学习效果和教师的教学成效量化打分、分级。但这种固化的评价模式与素质教育的理念相悖，不能全面反映学生的学习能力及综合素质。久而久之，还可能挫伤学生学习的积极性，限制学生多样化、差异化发展的可能性，同时也限制了教师在教学活动中的积极性和创造性。教师的教、学生的学都围绕着分数进行，对社会主义的教育事业产生消极的影响。

形成性评价是相对于传统的终结性评价而言的，对学生日常学习过程中的表现、所取得的成绩以及所反映出的情感、态度、策略等方面的发展做出的评价，是基于对学生学习全过程的持续观察、记录、反思而做出的发展性评价。其目的是激励学生学习，帮助学生有效调控自己的学习过程，使学生获得成就感，增强自信心，培养合作精神。形成性评价是一个持续性评价过程，评价的内容涵盖学生学习的方方面面，评价方式更加灵活，评价的结果也更加客观。形成性评价关注的是学生学习的整个过程，方便教师和学生在教学和学习过程中，随时做出调整。好的教学评价体系，既要关注结果，也要关注过程。

第二，质性评价与量化评价相结合。质性评价关注对质的评价，评价对象的性质或效果状况，使人一目了然，且操作简单易行，给出优、良、中的等级判断即可。主要是拥有丰富经验的专家或教师不采用数学的方法，通过观察分析对思想政治理论课课堂教学某些内容直接做出价值判断，比如直接评定等级或者打出分数。不难发现定性评价虽然关注质的发展，尊重个性，但是也存在评价结果模糊、评价标准界限模糊、主观性较强等缺点。

量化评价方法简单来说就是用数值来体现思想政治理论课课堂教学的各个方面，运用具体的数值对课堂教学进行描述和表现。能够使含糊的东西精确化、具体化，可信度增强，具有客观、标准、精确、简明等优点。但也存在不足，比如难以对学生的情感、态度、价值观等方面做出准确的判断和评价，在一定程度上忽视了学生的个性发展，标准单一，与多元智能评价的理念相悖，将复杂的抽象的内容通过数值简单地加以表现。传统的教学评价大多采取定量评价经常将教师教的效果以量化的标准表述出来，诸如学生成绩、学生提问次数、现场气氛、学生课后作业完成情况等。再将评价分数分为若干档次，如优秀、良好、合格或不合格等，以此来判断或使教师个体知晓自身教学水平在群体中的位置，进而使学校把握不同课程教师的整体教学水平。因此，这种教学评价方式有其存在的合理性，且因为量化而便于操作。

定量分析和定性分析相结合，比较好地扬长避短，真正实现教学评价的价值目标。

第三，自我评价与他人评价相结合。传统的教学考核评价体系往往采用单方面的他人评价。教师对学生做出评价或是其他评价主体对教师进行单方面评价，但学生对于自身的观察也是不容忽视的。除了学生对自身的观察评价，还可以采用小组评分的方式来对其进行考核评价。对思想政治理论课教师的评价以往更多采用的是单方面的他人评价，对教师进行评价的主体包括学生、同行教师及教学督导，但是对于思想政治理论课教师自身的评价使用较少。高校思想政治理论课教师大多是拥有较高考核评价能力和素质的，其对于自身教学的剖析也可以作为一个重要补充。

所以，对于考核评价方法来说，一方面我们要积极创新，另一方面我们要将各类方法进行有效的结合。此外，还存在某些创新方式方法，虽然创新度高，但不贴合实际无法有效解决实际问题的现象。所以在创新相关评价方式方法时必须充分考虑思想政治理论课课堂教学的特点，还要兼顾不同评价主体的特性，让评价方法能更好地为评价主体所用。当然这并不是全盘否定以往的评价方式方法，而是在满足评价合理性的基础上起到一定的促进作用。

3. 完善评价标准的制定

评价标准是衡量评价对象达到评价指标要求的尺度。对于高校思想政治理论课课堂教学来说，要衡量的不只是知识，还包括素质、教学规范、情感态度价值观等。通过调查问卷我们了解到，现在高校思想政治理论课课堂教学的考核评价标准一般由上级管理部门或专家进行制定，思想政治理论课教师和学生虽然是课堂教学的重要参与者，在制定评价标准时却未充分考虑思想政治理论课教师和学生的意见与想法，往往采用的是"自上而下"的制定模式。要完善评价标准应该使用"自上而下"和"自下而上"相结合的方法，这样既能体现管理者的要求，又能兼顾被考核评价者的意愿和想法。学生完全出于自己意愿参加评价的人数并不多，通过让学生参与考核评价标准制定有利于学生理解让其参加评价活动的目的，学会使用评价量表，明确各评价指标的内涵，这从一定程度上提高了学生参与评价活动的积极性。对于思想政治理论课教师而言也是如此，充分尊重一线思想政治理论课教师的意见，有利于思想政治理论课课堂教学考核评价工作的开展。

（三）优化评价指标体系

评价指标在高校思想政治理论课教学评价中具有重要意义。它是评价高校思想政治教育活动的逻辑前提，不同教学考核评价指标的差异最终会导致评价活动的差异。高校思想政治理论课考核评价主要依靠评价指标来做出价值判断。评价指标是衡量高校思想政治教育实效的标尺，也是高校思想政治教育质量提升和优化的基础。因此，要想让思想政治理论课教学考核评价体系发挥有效作用，就必须优化评价指标体系。科学合理的评价指标应坚持可测性、完备性、互斥性、简明性等原则。

1. 可测性

一般来说，具体定量的指标便于测量，抽象定性的指标难以测量。思想政治理论课课堂教学考核评价就涉及部分抽象的指标，但并不是说它抽象我们就无法测量，事实上抽象的目标可以通过层层分解最终以具体可测的指标呈现出来。一般在思想政治理论课的课堂教学考核评价指标体系中，一级指标相对抽象，而后逐级进行分解细化，最后就会变得越来越具体，末级指标最具体。

2. 完备性

在对高校思想政治理论课课堂教学进行考核评价指标体系设计时，要能够覆盖课堂教学的每一个要素，要能够展现课堂教学的整体过程，还要能够反映课堂教学质量。此外，对于学生的反馈和需求要有所体现。上一级指标与其下一级指标必须相互对应，且下一级指标对上一级指标进行分解细化时不能够有所遗漏或是偏差，否则会影响考核评价结果的真实性和权威性。

3. 互斥性

考核评价指标体系中的各指标应该相互独立、相互排斥，不交叉重叠。设计平行的同一级的指标时，不能有同一关系、交叉关系、因果关系、矛盾关系，必须是并列关系。如果同级指标之间存在交叉关系或是同一关系，会导致评价要么出现"空白区"，要么出现"交叉重叠区"。如果同级指标具有因果关系或者矛盾关系，会导致人们思维混乱，考核评价工作难以开展。所以，同一层级的互斥性和上下层级的同质性保证了思想政治理论课课堂教学考核评价指标体系的科学和完备。

4. 简明性

作为一种考核评价的工具，该考核评价体系设计时必须考虑使用者是否容易操作。各项指标的内涵要清晰明了，指标层级要合理清晰，指标的概括表达要精练明确，定量的指标要方便计量，定性的指标要精练准确。太过复杂烦琐的考核评价指标体系让人望而生畏，简洁明了便于操作且实用性强的考核评价指标体系才能保障考核评价工作的科学开展。

（四）充分运用考核评价结果

评价的最终目的不在于对被评价对象进行打分排名，而是要从教与学的各方面提高教学效果。倘若没有反馈环节，那么考核评价获得的信息则是不全面的，影响到考核评价作用的发挥，不利于提高评价活动的实效性。教学考核评价结果是管理考核的重要依据，为下一次教学工作的改进指明方向。

从教育学强化学习理论来说，及时的结果反馈对于思想政治理论课教师和学生来说会形成较强的刺激，反馈滞后的时间越长效果越不明显，这需要学校教学管理部门的有效配合。评价结果是反馈信息的桥梁，我们要重视教学考核结果，还要明确其用途和适用范围。最后，将考核评价结果反馈到学生和教师所在学院，便于相关学院对今后的课堂教学工作提供决策与指导。在进行结果反馈时，针对不同考核评价主体的特点，我们要灵活采取不同的方式方法。学生对于教师的评价可以采取集中反馈的方式，通过网络评价后统一由教务部门进行统计后再反馈给思想政治理论课教师。对于同行教师和教学督导来说就可以采取课后及时沟通反馈，并且提出建设性意见的方式来进行反馈沟通。同行教师之间每个学期还可以定时召开课堂教学研讨交流会，交流各自的经验，提出意见。对于评价结果良好的思想政治理论课教师可以组织其进行交流研讨会，分享经验。对于评价结果不理想的教师，要帮助其找到问题所在，制订相应的改进计划。除此之外，要收集在开展教学评价中存在的问题，针对评价中存在的问题加以整改，从而让思想政治理论课课堂教学评价工作得到进一步完善，真正发挥教学评价活动的作用。

四、思想政治理论课教学考核评价体系构建改革创新

（一）创新教学考核评价理念

评价理念是教学考核评价体系的重要组成部分，传统评价理念对于评估和衡量新时代高校思想政治理论课的实际效果是有局限性的，我们要坚持教学考核评价理念的与时俱进

和不断创新，坚持评价内容、指标和方法的创新，才能更好地保证考核评价工作的科学性和有效性，促进高校思想政治理论课教学的发展和完善。

1. 树立"学生本位"的评价理念

学生是课堂教学的主体，在思想政治理论课教学考核评价中不论考评对象是教师还是学生，其最终都是为了落实立德树人的根本任务。在现今的思想政治理论课课堂中，"以学生为中心"的课堂教学模式被广泛运用，因此，在教学考核评价中也应从学生发展的角度出发，为学生的全面发展服务，以学生的学习效果为核心。而教师是知识的传播者、讲解者和学生学习的引导者。然而以往的考核评价体系中，考核评价的焦点大多在于教师，评教师怎么教。因此要明确教学评价的重点，注重看学生怎么学、学的程度如何。

所以，要树立以学生为中心的评价理念，凸显评价人的发展性。这种评价理念更加注重教学过程中学生主体地位的体现和主体作用的发挥，把学生放在思政课教学考核评价过程中的重要位置。主要指以下五个方面：第一，落实学生的评价主体地位，提高学生对考评工作的重要性认识，而不仅仅是形式上让其参与。第二，把为学生服务作为构建思想政治理论课教学考核评价的落脚点，始终明确考核活动的最终目的是为学生服务。学生方面，也应让其意识到学习思想政治理论知识的最终目的不是考试，而是通过获得科学的世界观和方法论，养成正确的情感态度价值观，促进自身的发展。第三，在构建考核评价指标体系时要以学生为中心，改变以往考核评价指标设置过分偏重于对思想政治理论课教师课堂教学行为的评价，指标设置也要涉及学生学习行为、学习状态等方面。第四，要根据学生普遍的实际情况设置学生使用的思想政治理论课教学考核评价表，便于学生理解。第五，关注学生考核评价素质的培养。学生既是教学活动的参与者又是评价者，不可避免地会带有主观色彩和感情色彩。学生进行客观且科学合理的教学评价是需要一定的能力的，目前高校倡导学生提高参与评教活动的积极性，但部分学生缺乏有效评教的能力，因此要关注学生评教能力的培养。

2. 树立"系统性"教学质量理念

教学质量是教育的生命线，科学意义上的教学质量是指教育水平的高低和效果优劣的程度，最终体现在培养对象的质量上。对于高等教育阶段来说，立身之本就是立德树人。应该树立全面发展的教学质量观，让学生在知、情、意、行四个方面协调发展。社会对高等教育的功能、质量在不同历史时期有着不同的要求，这就导致了不同时代高等教育质量观的不同。教学质量观对于人才的培养具有重要作用。传统的高等教育质量观依然是唯分数论，把分数、学科知识的获得作为主要评价标准。但是高等教育办学的最终目的并不是让学生获得好成绩或者是高分数，而是培养出德才兼备的高素质人才，要想达到《中国教育现代化 2035》中提到的教育现代化的目标，就必须完善教育质量标准体系。这就要求我们必须树立新的质量观，这是事关人才培养的关键。

思想政治理论课教学不应只是进行理论知识的传授，应该将知识传授和价值引领结合起来。大学生是未来国家发展和社会主义建设的践行者，这就意味着他们要具备更高的政治素养和更坚定的政治立场。在个人发展的角度，他们也应该达到自由而全面的发展。这就要求我们在进行教学考核评价时，不要仅限于关注知识目标是否实现，而要多角度地去考察什么样的课堂教学是高质量、有效率的。科学的教学考核评价质量观会遵循教学规律，对评价对象做出合理的价值判断。始终明确教学质量观对教学考核评价的重要意义。

对于思想政治理论课的教师和学生来说，高校思想政治理论课的评价将直接影响到二者的发展，影响是双向的。一般来说，良好的思想政治教育课堂教学评价将通过开展相关的评价活动，规范思想政治教育教师的教学过程，使其达到相关的标准和要求，这可以进一步提高思想政治理论课堂教学质量。基于高校思想政治理论课的教学实践，学生应掌握马克思主义理论、道德伦理规范以及法律知识等。学生可以在课上学习相关理论知识，形成自己的情感态度和价值观，并且提高实践能力和解决问题的能力。片面的教育质量观测不利于师生的发展。要对思想政治教育课堂教学做出全面、科学、合理的价值判断，就要从多方面、多角度观察评价，不可仅仅局限于学生的分数高低或是教师获得的评教分数，分数的高低与教学质量的高低并不完全等同。

3. 树立"发展性"教学评价理念

发展性评价是指促进学生发展、教师提高与改进教学实践的评价。但发展性评价并不能直接促进学生的发展，而是必须以教学为中介。传统评价理念无法改进教学和促进学生发展，在发展性教学评价理念中，评价是手段，发展是目的，其根本出发点是促进学生的素质发展与终身发展。除此之外，树立发展性评价理念才能使以评促教、以评促改成为现实。

要树立发展性评价理念，必须对其有清晰、明确的认知。当前在思想政治理论课考核评价领域，许多人把发展性评价理念与素质教育评价理念相混淆，但发展性考核评价理念不像素质教育评价理念那样发挥导向性作用，而更像是一把"戒尺"，鞭策督促师生双方不断进步，使思想政治理论课课堂教学质量不断提高。所以，树立发展性评价理念要求我们不但要重视对于课堂教学过程的评价，更要侧重对教学效果的评价，评价后还要充分利用评价结果，达到发展的目的。传统的评价理念更多地将评价作为选拔手段，而发展性评价理念则更侧重促进被评价对象的发展。我们要认识到教学考核评价对思想政治理论课课堂教学的各个方面、各个对象先做出价值判断是第一步的工作，这是思想政治理论课课堂教学发展的依据和基础。发展性评价理念也促进考核评价活动重心的转变，从以往的重视学生、教师以及教学情况的等级划分转变为重视三者的发展，由原来的重视管理变为现在的促进发展转变。通过发展性评价激发思想政治理论课教师教学热情和潜能，激发思想政治理论课教师的主体意识和创造性，全面提升其政治素质、业务素质和师德师风建设。发展性评价理念除了要求我们转变对考核评价目的的认识，还要求我们要掌握一些发展性的评价方法与手段。最后对于思想政治理论课课堂教学考核评价的结果要及时进行反馈，为下一步课堂教学的改进和完善提供决策依据。对于参与思想政治理论课教学各考核评价主体来说，应该摒弃落后陈旧的评价理念。

4. 树立"协调性"考核评价理念

高校思想政治理论课教学考核评价工作需要多个考核评价主体共同协作才能有效完成。由于涉及多个部门工作的开展并且要使用多种考核评价方法，可能就会涉及工作协调分配的问题。只有树立协调性的评价理念，才能实现教学考核评价体系良好运行。

一是协调评价主体的关系。高校思想政治理论课的教学考核评价需要有多个主体共同参与，由于各个主体的利益需求和评价能力存在一定的差异，所以各评价主体必须树立协调性的考核评价理念，协调好各方关系，分工明确、各司其职。从多元全面的角度对思想政治理论课教学进行考评，确保评价结果真实客观。除了各评价主体之间的协调，还要注意评价主客体之间的协调，双方要相互配合，以保证考核评价工作科学有序地开展。

二是协调考核评价对象。高校思想政治理论课教学考核评价主要针对教师和学生两个方面进行考评，教师和学生也应树立协调性的考核评价理念，自觉配合考核评价工作的开展，主观上认同考核评价活动。考评对象积极配合并支持教学考核评价工作，有利于顺利开展教学考核评价工作；反之，则会起到阻碍作用。

三是协调评价方法。我们应该注意各种评价手段、方法之间的相互协调与融合。我们要熟悉各种评价方法的优点及其局限性，适当地利用另外的评价方法进行补充和完善，但不是简单生硬地将其结合和拼凑，要对其进行充分考量与选择。

四是协调各个部门。除了需要协调多个考核评价主体之外，对思想政治理论课进行考核评价的校院两级的部门之间也应该互相协同，推动考评工作开展。各部门必须树立协调性的评价理念，不相互推诿，要自觉承担起责任，相互配合才能使高校思想政治理论课课堂教学的考核评价工作有序高效地开展。此外，各部门之间还须保持积极的协调与沟通，保证工作方向目标一致，促进思想政治理论课课堂教学质量的提高，保障思想政治理论课教学的实效性。

（二）建立与考核评价相关的反馈、激励、退出等机制

考核评价是手段，使用结果才是最终目的。对高校思想政治理论课教学进行的考核评价不是为了评价而评价，最终目的是通过考核评价来发现思想政治理论课教学过程和教学效果方面的问题，并及时采取措施解决问题，从而促进思想政治理论课教学的持久发展。所以要充分地分析、利用考核评价的结果，建立与考核评价相关的反馈、激励、培训与退出等机制，有利于提升思想政治理论课教师的综合素质，促进他们的专业化发展。

1. 建立考核评价反馈机制

高质量的反馈不仅要提出全面、及时和针对性强的意见，还应真实体现出经过指导能达到的最优成绩。因此，建议设立考评结果公示期（3～5天），思想政治理论课教师可以在公示期内就考评结果提出异议，考核评价组织机构及时查证并予以解释。另外，建议在公示期后设立30天的反馈期，考核评价组织机构可以利用这段时间进行充分的双向交流，就考核评价机制存在的问题进行协商，以建设一支高素质专业化的思想政治理论课教师队伍为目的，进一步完善考核评价机制。

2. 建立相应的激励机制

对于教师来说，在对思想政治理论课教师进行考核评价后，要将考核评价的结果作为教师的职称评聘、职级晋升、工资津贴的依据，与职称评聘挂钩，比如初级职称至少要连续2～3年考核保持优良的可以晋升中级职称，中级职称教师要连续3～5年考核保持优良才可以晋升到副高等职称评聘方式。考评结果与职级晋升、工资待遇挂钩，健全和完善教师晋级增薪机制，思想政治理论课教师考核连续保持规定年限的优良就可以晋升到相应的职级，就可以拿到相应级别的工资待遇等。考核评价的结果与教师的职称评聘、职级晋升、工资津贴挂钩，有利于充分调动思想政治理论课教师的工作积极性，将他们的精力引导到课堂教学及相关研究上。对于学生来说，将教学考核评价结果与学生的学分相联系，与申请入党相联系，可以充分调动学生的学习积极性。

3. 建立相应的培训机制

除规定的反馈考核结果、开展提醒谈话之外，考核可针对在考核中发现思想政治理论课教师在理论知识、教学能力、科研水平等方面存在的普遍问题，提出与思想政治理论课教师培训方面相关的意见与建议。教师培训，学校是第一责任人。学校要建立思想政治理论课教师培训制度，做好培训规划，规定年度培训学时数、主要内容及方式途径等，并在课时安排和经费保障等方面合理安排，实施培训全员化、定期化。应当积极拓展培训方式方法和途径，如到重点马克思主义学院访学、帮教帮研、助教助研、挂职锻炼等形式；也可以通过国家认定的网络培训平台进行学习培训；还可以到国家级、省市级、校级社会实

践基地参加培训等。

4.建立教师退出机制

加强思想政治理论课教师队伍建设不但要把好入口关，也要疏通出口关，对于严重不符合任职要求的个别教师应采取进修、转岗、辞退等方式促进队伍素质不断提升。对于违反课堂讲授政治纪律的，违反师德师风的，课堂教学质量较差、经过二次警告并参加为期半年培训仍然较差的思想政治理论课教师，应当予以转岗或清退。

5.建立健全其他相关制度

（1）建立健全评价制度

以往我们仅仅是从完成评价次数和是否完成评价两个方面来对思想政治理论课课堂教学评价活动开展情况进行评价，对于更深层次的评价方法的选用、考核评价指标的确定及权重计算是否科学合理、评价指标体系的建立、评价结果的真实客观性、考核评价主体工作的开展情况、考核评价主体所占比重等较少涉及，评价制度未能做到制度化和常态化。所以，建立健全评价制度对于考核评价活动的规范化开展以及该体系的建立健全发挥着重要的保障作用。

（2）建立健全评价结果申诉、监督制度

在高校思想政治理论课课堂教学考核评价中我们可以借鉴《教育法》和《教师法》中的申诉制度。对于思想政治理论课课堂教学考核评价客体教师来说，为保障其相关利益必须建立健全合理的结果申诉、监督制度。申诉制度的建立健全能够有效保障被考核评价对象的利益，也搭建起了上下有效沟通的"桥梁"。思想政治理论课教师对考核评价结果有异议的可以及时通过相关渠道向有关部门反映或提出申诉，相关部门对个人考核评价情况进行核实并对申诉人进行反馈说明，如果的确存在不合理现象，那么可以根据相关流程开展工作。建立申诉制度能够有效弥补考核评价活动主观性强、随意性大的缺点，能够使考核评价对象的合理权益得到应有的保护和保障。

监督制度的建立其实可以看作是一种权力对考核评价的有力规范和要求。监督是规范化运行和保障考核评价活动有效开展的基础，主要对高校思想政治理论课课堂教学考核评价的整个流程及其结果进行监督审核以及评价。可以采取自上而下的监督与自下而上的监督相结合、内部监督与外部监督相结合的模式，使该领域的监督制度尽快建立和不断完善。

（3）建立健全评价结果公示、问责制度

实行公示制度有可能导致对师生个人隐私的侵犯，所以，公示机构必须要提前进行沟通，了解其思想变化，在维护其相关权益的基础上，进行公示。公示制度体现了平等和民主的精神，可以更好地将这种观点体现出来，采用公示形式进行维护高校师生的合法权益，可以促进高校思想政治理论课课堂教学的顺利开展。该评价体系并不是保持不变的，它会随着社会的需求和制度的完善而进行调整和改进。同时高校对评价的结果也比较关注，在评价过程中就可以分析其手段是否科学、公平。在此情况下，就可以为各个评价主体建立一个良好的沟通、相互质证的环境，摆脱了高校管理评价体系的束缚，并且对权力形成了约束和控制，这样就有利于提高评价决策的透明度和公开度，继而得到社会群体的广泛支持和认同。

不断健全并完善高校思想政治理论课评价问责制度，需要从不同的角度来做出改进，各个组织机构的职责和权限应该被明确地划分，提高其办事效率，充分地调动工作人员工作的积极性和主动性，在参与评价工作时，能够坚持使用高校的公示机制，维护良好的校园秩序，针对违规行为或不作为进行严厉的惩处。评价问责机制主要是对利益受害者进行弥补，高校思想政治理论课评价跟学生、教师的权益息息相关，同时还会影响到学生和教师未来的生活、工作等，有些评价失误可能会给教师和学生整体发展带来不利影响。

第二节　新时代高校思想政治理论课师资队伍建设与培养

一、新时代思政课教师队伍建设的必要性及重要性

（一）思想政治理论课教师队伍建设的必要性

思政课是落实立德树人根本任务的关键课程，办好思想政治理论课关键在教师，关键在发挥教师的积极性、主动性、创造性。高校是培育新时代中国特色社会主义事业合格的建设者和可靠的接班人的重要场所。因此，必须进行思想政治理论课教师队伍建设，不断提高教师自身本领，更好地完成思想政治培育工作，给学生心灵埋下真善美的种子，塑造一批又一批时代新人。

1.时代进步要求加强思想政治理论课教师队伍建设

要实现中华民族近代以来最伟大的梦想，必须不断培育出德、智、体、美、劳全面发展的、具有良好素质的社会主义事业的建设者和接班人。为此，必须加强高校的专业知识教育与思想政治理论培育，其中，高校师资队伍本身的塑造和建设显得尤为重要。因此，高校在全力推进思想政治理论课改革创新过程中，必须不断优化思想政治理论课教师队伍结构，贯彻党的教育方针，坚持以马克思主义为指导，加强意识形态学习，重点提升思政

课教师思想政治理论素养，回应中国特色社会主义新时代的诉求。

2. 教育改革深化要求加强思想政治理论课教师队伍建设

随着我国教育改革深化，高校也出现了一系列变化。比如，办学规模不断扩大，不仅校园面积越来越大，学生数量越来越多，而且科、系越发庞杂，这就要求各高校必须明确自身优势，科学分配教学资源，充分满足学生的需要。

教师承担着传播知识、传播思想、传播真理的历史使命，肩负着塑造灵魂、塑造生命、塑造人的时代重任，是教育发展的第一资源。面对社会各方思想积聚对大学生的诸多影响，高校教师队伍必须进行自身建设。如果缺乏政治敏锐性和政治甄别力，思想政治理论课教师就难以在政治立场和原则问题上给予正确的引导，那么高校思想政治教育的方向也会出现偏差。因此，必须加强高校思想政治理论课教师队伍建设，保证思想政治理论课教师能够从容面对各种思想碰撞，以及不同文明之间的交流对话，从而提升思想政治理论课的教学效果。

3. 立德树人的根本任务要求加强思想政治理论课教师队伍建设

我们党和国家的基本教育方针是，坚持教育为社会主义现代化建设服务、为人民服务，把立德树人作为教育的根本任务，培养德、智、体、美、劳全面发展的社会主义建设者和接班人。这是首次把立德树人作为教育的根本任务写入教育方针之中，具有十分深远的指导与引领意义。

教师群体广大，而思想政治理论课教师因为肩负着教育教学的重要任务而具有非常特殊的重要地位和作用。一方面，与专业课教师一样，思想政治理论课教师也承担着专业知识的教育和培育。作为"人类灵魂的工程师"，教师必须"以人格魅力引导学生心灵，以学术造诣开启学生的智慧之门""传播知识、传播思想、传播真理""塑造灵魂、塑造生命、塑造人"以及"帮助学生形成正确的世界观、人生观、价值观，提高道德修养和精神境界，养成科学思维习惯，促进身心和人格健康发展"。另一方面，思想政治理论课教师又与普通教师有所不同。思想政治理论课不仅传授专业知识，还肩负系统宣传、阐释、传播马克思主义理论的使命，是对广大学生进行思想政治教育的主渠道。充分发挥思想政治理论课的作用，让学生在马克思主义理论的指引下，接受系统的思想教育，对于培养担当民族复兴大任的时代新人，落实立德树人的根本任务，保证党和国家事业长远发展具有重要的意义。正如"思政课是落实立德树人根本任务的关键课程，思政课作用不可替代，思政课教师队伍责任重大"。因此，必须有高素质的教师队伍来支撑和保障才能更好地发挥思想政治理论课的作用。

（二）思想政治理论课教师队伍建设的重要性

1. 承担培育合格社会主义事业接班人的重要任务

高校思想政治工作关系高校培养什么样的人、如何培养人以及为谁培养人这个根本问题。把思想政治工作贯穿教育教学全过程，实现全程育人、全方位育人。要成为社会主义建设者和接班人，必须树立正确的世界观、人生观、价值观，把实现个人价值同党和国家前途命运紧紧联系在一起。

如前文所述，当今世界国内外形势复杂多变，不确定性、不稳定性因素增多，高校学生很容易受到各种社会思潮碰撞的影响。尽管学生从小的生活环境、家庭教育也会对其思想的形成发展产生影响，但大学阶段是学生世界观、人生观、价值观形成的关键时期。而思想政治理论课教师作为马克思主义的传播者，贯彻党和国家方针政策的中坚力量，是矫正学生思想的关键力量。复杂多变的新形势对思想政治理论课教师提出更高的要求，不仅是讲授理论知识、提升课堂效果的要求，更要真的打动学生，让正确的观念进入学生的头脑和心灵。因此，加强和改进高校思想政治理论课教师队伍建设，不断提升思想政治理论课教师队伍的专业水平，是应对当下复杂多变的国内外形势，为党和国家培养又红又专的社会主义事业接班人的重要任务。

2. 提升思想政治理论课教育教学效果的重要力量

教育大计，教师为本。教师是学生智力的开发者和个性的塑造者，是学生成长成才的引路人。思想政治理论课教师是上好思想政治理论课的关键，是马克思主义理论和党的路线、方针、政策的宣讲者，社会主义意识形态和精神文明的传播者，大学生健康成长的指导者和引路人。我国思想政治理论课建设之所以取得显著成效离不开有道德、有水平、有信仰的教师队伍不断为思想政治理论课建设提供智力支撑。要不断鼓励、激发思想政治理论课教师进行教学方法的探索与创新，不断深入开展包括科研领域、教学领域的培训和进修，提升专业素养，从而进一步为提升思想政治理论课教学水平提供支持。

二、实现新时代思想政治理论课教师素质的"六个要求"

（一）政治要强

让有信仰的人讲信仰，善于从政治上看问题，在大是大非面前保持政治清醒。教师是指引学生向着正确航向前进的灯塔，是给学生播撒真善美种子的园丁，是引导学生扣好人生第一粒扣子的启蒙者。因此，教师的政治觉悟一定要强，尤其是思想政治理论课教师。

一方面，思想政治理论课教师必须坚定马克思主义立场。政治上的坚定来源于理论上的清醒，要自觉加强理论学习，掌握马克思主义立场、观点和方法。中国共产党是马克思主义政党，建党之初即明确将马克思主义作为指导思想来武装全党指导实践。在革命、建设、改革时期，马克思主义者将毕生心血倾注于革命和社会主义建设，并取得了重大成果。因此，思想政治理论课教师应当科学理解马克思主义的内涵，准确把握其思想、方法，将理论与实践有机结合起来。在教书育人过程中，使学生能够认识到马克思主义的科学性与实践性，不断提高自身认识水平，促使知识向纵深方向发展。

另一方面，思想政治理论课教师必须坚定人民立场。自新文化运动高举民主科学的伟大旗帜，到马克思主义传入中国，再到中国共产党成立，乃至中国近现代革命、建设、改革的全过程，革命先驱运用马克思主义科学理论启迪民智、激发思潮，形成全新意识形态，均是为人民大众服务的。而思政课教师不仅有着一般教师的教学任务，更身兼政治任务。一定要坚定理想信念，善于明辨是非、善于决断选择，加强辨析引导。

（二）情怀要深

保持家国情怀，心里装着国家和民族，在党和人民的伟大实践中关注时代、关注社会，汲取养分、丰富思想。高校思想政治教育是铸魂育人的工作，人文关怀是思想政治教育事业发展的内在动力，这决定了高校思想政治理论课教师必须做到"情怀要深"。

首先，家国情怀。"家是最小国，国是千万家。"中华民族和中国人民向来重视家庭、家教和家风，更加明白家庭的前途命运和国家、民族的前途命运紧密相连。中国人必然将爱国放在第一位，爱国是人世间最深层、最持久的情感，是一个人立德之源、立功之本。孙中山先生说，做人最大的事情，就是要知道怎么样爱国。我们常讲，做人要有气节、要有人格。气节也好，人格也好，爱国是第一位的。高校思想政治理论课教师作为弘扬爱国主义的传播者、民族复兴梦想的助力人、社会主义核心价值观的践行者，必须时刻将国家和民族装在心中，在实现中华民族伟大复兴的新征程中涵养家国情怀。只有高校思想政治理论课教师将爱国、爱党、爱社会主义扎根内心，才能迸发出源源不断的力量，从而情真意切地感染学生，为实现民族复兴梦凝结磅礴力量。

其次，传道情怀。"师者，所以传道受业解惑也。"早在唐朝中期"八大家之首"韩愈就在其创作的《师说》中如此说道。可见，自古赋予教师的职能就有言传身教、传授知识的同时培养学生的人格品质。高校思想政治理论课教师要有传道情怀，对思想政治理论课教育教学要有执着的追求。这就要求高校思想政治理论课教师要有深厚的马克思主义理论学识，并且做到真学、真懂、真信和真用。充分发挥传道精神，在教学中守正创新，做青年大学生的领路人。一方面，守正要求思想政治理论课教师要坚定理想信念，坚持马克思主义的立场、观点和方法，将知识教授于学生的头脑和心灵；另一方面，创新要求在守正的基础之上进行发展，不仅要随着社会的发展与进步刷新知识内容，也要在教学方法、手段等方面进行革新。从而改变思想政治理论课堂过去枯燥的灌输式讲授方法，利用网络、新媒体等新兴教学设备提升思想政治理论课的吸引力和实效性。总之，高校思想政治理论课教师必须正确处理守正和创新的关系，坚定自身的传道情怀。

最后，仁爱情怀。为人师者，当为仁爱之师。好教师应该是仁师，没有爱心的人不可能成为好教师。与中小学教师面向未成年学生的情况不同，许多人认为大学是半个社会。学生在学习专业知识的同时会接触到全国各地的同龄人，参与各种社团活动，提升学识的同时也锻炼了为人处世的能力。而如此庞大的育人系统，学生学习生活的地方，必然需要各部门团结协作，才能保证学校平稳有序运行。而作为高校教师，尤其是思想政治理论课教师，不仅需要讲好课，让学生在课堂中有所收获，更要联系其他课程，充分发挥课程思政的效用，营造出和谐友爱的美好校园环境。

（三）思维要新

当今世界正经历着百年未有之大变局，面对世界的变化与日益复杂的国际局势，思想政治理论课教师有责任让学生能够更好地理解世界的变化，就必须做到思维要新。

一方面，思想政治理论课教师要有高度的政治敏锐性，面对世界的变化，例如，全球经济重心从西方向东方转移；再如，发展中国家群体性崛起等一系列变化，思想政治理论课教师必须在课堂中及时、正确地将这些新变化传递给学生。现代信息网络技术发达，学生接收信息的渠道多样且迅速，但是，学生群体毕竟年轻，缺乏正确辨别信息的能力，易受到不良信息的诱导。倘若学生率先接触新的信息和变化，则极有可能形成一些对于新局面的偏颇见解和想法，只有在课堂中及时梳理，才能让学生不被鱼龙混杂、良莠不齐的信息所迷惑。

另一方面，国内改革已进入深水区，形势比较复杂。思想政治理论课教师在传颂好新时代新精神，鼓励学生保持信心的同时，也需要让学生了解到：我国作为世界上最大的发展中国家与发达国家之间的差距，我国的优势和不足究竟在哪里；在实现中华民族伟大复兴的中国梦这一新征程中，我们将面临怎样的机遇与挑战。事实上，自改革开放以来，我国在许多领域都取得了长足的进步，这使得中国人民实现从站起来、富起来到强起来的伟大飞跃。

但与此同时，在一些先进核心技术依旧被发达国家所垄断，这也掣肘了我国高精尖科技的发展速度。中国人民靠着不屈不挠、精益求精的努力和奋斗精神，努力拼搏、攻克难关，一条巨龙正在以前所未有的姿态傲然屹立于世界的东方。

（四）视野要广

思想政治理论课教师要做到有知识视野、国际视野、历史视野，通过生动、深入、具体的纵横比较，把一些道理清晰明了地传授给学生，使之受益。

首先，知识视野。马克思主义理论学科是社会科学与自然科学融汇形成的交叉学科，要求从事马克思主义理论教育的工作者必须有一定的知识储备，不囿于某单一学科，要触类旁通，拥有复合而宽广的知识结构。扎实的知识功底、过硬的教学能力、勤勉的教学态度、科学的教学方法是教师的基本素质，其中知识是根本基础。教师有义务将自身所具备的知识剖析揉碎，深入浅出地传授给学生，同时也能在教学和科研过程中不断提升马克思主义理论专业知识积累，进一步扎实知识功底。

其次，国际视野。要想将思想政治理论课讲好，不仅要重视拓宽知识视野，同时，国际视野也至关重要。通过把社会主义国家与资本主义国家进行对比研究，从而深刻揭示出社会主义制度的优越性、社会主义核心价值观以及制度运行机制等。教师不仅要全面关注中国发展过程中所出现的一系列新变化、新局面和新形势。同时，通过国际眼光将生产资料公有制的社会主义与私有制的资本主义进行横向对比，更好地明晰西方资本主义价值观以及其三权分立、代议制等资本主义政治制度的问题，提升学生的分析能力，从而树立学生的道路自信、理论自信、制度自信、文化自信。

最后，历史视野。一个国家、一个民族，必须知道自己是谁、是从哪里来的、要到哪里去。中国有着悠久的历史，这些历史留给当代中国人的虽然也有封建时期的糟粕和近代的落后的局面，但更多的是源远流长、博大精深、至今沿用的中华优秀传统文化。再结合革命文化和社会主义先进文化，使得新时代中国人有能力也有信心将中华文化弘扬至世界。不仅如此，还要走出国门，充分认识和了解社会主义发展史、国际社会主义运动史，明确马克思主义是历史的也是现实的。作为高校思想政治理论课教师，有义务将历史视野带进课堂，让学生了解早年社会主义发展的艰难险阻。例如，苏联解体给世界社会主义阵营带来的巨大震荡，但同时也要明确社会主义必将替代资本主义，只是这个历史过程很漫长，需要一代又一代的社会主义建设者和接班人同心协力、不懈奋斗。

（五）自律要严

自律是每一位思想政治理论课教师都应具备的基本素质，不仅是教师职业道德的体现，同时也是思想政治理论课的内在要求。

第一，学高为师，身正为范。教师应当做到言传身教，其中身教大于言传，而高校思想政治理论课教师更应该做到模范带头，这样才能使青年学子"亲其师、信其道"。学高指在高校思想政治理论课教师要扎实学术功底、提升科研能力、增强教学水平，这是对一名合格思想政治理论课教师的必然要求。同时，发挥好思想政治理论课的政治属性将马克思主义及其中国化进程中形成的理论成果结合当代学生的身心特点和思想基础进行传达。身正是对教师的道德要求，而思政课的特殊使命更是要求思政课教师有较高的良知和道德情操。任何监督、任何教学大纲等等，绝对不能改变由教学人员所决定的课程的方向。因此，高校思想政治理论课教师必须将学高与身正相统一。

第二，表里如一。任何职业的人都应该具备表里如一的品质，按照中华民族传统文化看，国人向来鄙夷两面三刀、表里不一之人。而思政课教师更应该将表里如一作为自律的重要一环。思想政治理论课教师作为理想信念的守正者，其世界观、人生观、价值观和政治方向等所有思想都具有严格的教育力量。因此，思想政治理论课教师必须做到在日常的教学和生活中表现出较高的思想道德素质和科学文化素养，承担起教学、政治、道德等多重属性的责任，使自己的一言一行和内心世界都在作为一名马克思主义者和思想政治工作者的范畴之内，绝不做"双面人"。

第三，言行一致。"听其言，观其行"，识别一个人的品质不仅要听他说什么，更要看他怎么做。言行一致是中华民族的传统美德，也是马克思主义理论的内在要求，更是一位高校思想政治理论课教师的行为准则。一位教师具有言行一致的品格更有利于在学生心中树立起教师的形象，也更容易获得学生的尊重和喜爱。与言传身教相似，思想政治理论课教师只有将自己在课堂中宣扬和传颂的精神扎根内心，并作为自身的行为规范，才能使课堂中弘扬主旋律、传递正能量的话语铿锵有力。不仅如此，这些话语更能激发学生的爱国情怀，促使年轻人培育和践行社会主义核心价值观，成为社会主义事业建设者和可靠接班人。

（六）人格要正

孔子说："其身正，不令而行；其身不正，虽令不从。"有人格，才有吸引力。亲其师，才能信其道。要有堂堂正正的人格，用高尚的人格感染学生，做学生喜爱的人。教育的根本任务是立德树人，而思想政治理论课不仅传播知识，更是一门灵魂课程，修的不仅仅是学分，更多的是心灵的启迪和净化。要做到铸魂育人，培养当代大学生的政治素质、道德品质和人格意志，需要思想政治理论课教师自身人格正。我们不能低估了人格的力量，这是一份强大的软实力，生于内心而显露在外，通过信仰、品行、才华、智慧、气质等发散出磅礴的力量。这就要求高校思想政治理论课教师秉持职业操守、恪守职业道德、端正科研态度、遵守学术规范、锻造过硬本领，使青年学子不仅"亲其师，信其道"，还能"随其行"。

三、新时代思政课教师队伍建设和培养的途径

高校思想政治理论课教师队伍建设是一个长期的、复杂的、艰巨的系统工程。新时代对于思想政治理论课越发重视，就给高校思想政治理论课教育创造越多的机遇也带来更多的挑战。更好地建设思想政治理论课教师队伍，各高校提出的政策和方法层出不穷。

（一）健全思想政治理论课教师专项培育机制

思想政治理论课教师要发挥立德树人的作用，自身也要不断进行培训和提高才能更好地跟上时代的步伐，才不至于用陈旧的观点和老派的教学方法进行授课，使学生丧失对思想政治理论课的兴趣。而对于思想政治理论课教师的培育主要围绕两个方面进行，即政治素养培养和业务能力培训。具体有以下方面：

1.思想政治理论课教师政治素养培养

思想政治理论课的政治性至关重要，思想政治理论课的目标包含了培养学生旗帜鲜明地讲政治。因此，思想政治理论课教师必须做到政治立场坚定、政治站位高，需要不断学习政治知识，丰富自身的政治素养。

首先，思想政治理论课教师要加强政治理论学习。政治素养的提升不是一蹴而就的，而是需要教师认真进行马克思主义及其中国化理论成果的深入学习。这就要求思想政治理论课教师要读原著、学原理。不仅要学习马克思主义经典著作，还要学习习近平新时代中国特色社会主义思想，从根本上提升自己对马克思主义的认识和理解，从而提升政治素养。坚持学以致用、用以促学，原原本本学，熟读精思、学深悟透，熟练掌握马克思主义立场、观点、方法，不断提高马克思主义理论素养。

其次，在教学中提高政治素养。作为教师，教书育人是毕生的事业，在三尺讲台上畅谈马克思主义，并将之与国际国内时事热点、中国特色社会主义的发展进程、学生的成长经历结合起来，做到将信仰讲好、将理论说好、将中国故事传递好。这就要求思想政治理论课教师不仅要读原著，若"两耳不闻窗外事"地学习马克思主义，就违背了马克思主义的实践性。因此，我们必须将理论与现实结合起来以提升自身的政治素养。

最后，加强思想政治理论课教师的政治培训。任何职业不仅业务能力需要培训，思想政治也要进行不断的培训和教育。一方面，党和国家十分重视对于思想政治理论课教师的政治培训。比如，教育部主办的"周末理论大讲坛"就是在课余时间对思想政治理论课教师展开思想政治培训。再如，各层级的研修基地和地方省委党校的培训活动均可见对于思想政治理论课教师的思想政治理论教育的关注。另一方面，高校思想政治理论课教师绝大多数为中共党员的现实情况也意味着要按照要求进行常规的理论学习，还需要在"学习强国"、新时代"E 支部"等网上平台进行日常的学习与打卡。

2. 思想政治理论课教师业务能力培训

政治素养作为衡量一位思想政治理论课教师是否合格的第一位标准，但也不能忽视了高校思想政治理论课教师的业务能力培训。无论是教学能力还是科研能力都是一位高校思想政治理论课教师应当具备的业务能力，二者缺一不可，否则会影响教师生涯的持续性发展。

一方面，教学能力。首先，打铁还须自身硬。思想政治理论课教师能够讲好课的基础是自身所具备的马克思主义理论专业知识扎实，随着学科越发专业化和规范化，各高校均尽可能地向思想政治理论课教师队伍中吸纳专业博士毕业生，希望在整体上提升队伍教学质量。与此同时，面临教师缺口和新入职教师转换角色，成长、成熟也需要一定的时间。这就要求必须进行教学能力的培训。比如，新入职教师课程观摩与展示。多听资深教师的课程，学习其教学方法、内容等对年轻教师大有裨益。再如，参加国家、省级或市级组织的专业化培训，向国内知名学者、教授进行学习，补充最先进的理论知识。其次，实践是检验真理的唯一标准。给予年轻思想政治理论课教师更多的锻炼机会，毕竟教学能力的提升绝不是只在理论层面，更重要的是实践之中。一位教师的成长进步绝不是仅仅局限于听资深教师的授课，更要自己去讲课。在课堂中看学生的真实状态，在与学生交流过程中获取最真实反馈，面对学生的意见，做到有则改之无则加勉。最后，学而不思则罔。在通过学习他人经验和锻炼自身讲课能力的同时一定要善于思考和总结。要经常思考自己学到了什么、有什么提高又有何不足，从而有针对性地改正自身在教学过程中存在的缺点。同时，学院组织召开座谈会，针对教学方法、课堂效果进行讨论，从而提高教学能力。若每一位思想政治理论课教师均能以不断提高自身教学能力为要求，以讲好课为目标，进行不断的培训与锻炼，高校思想政治理论课教师队伍的建设即能卓有成效。

另一方面，科研能力。高校教师作为高学历群体，不仅要履行教师授课的职责，同时还有进行科研的要求。高水准科研是提高思政课教学实效的重要一环，思政课教师科研应以问题为导向，研究教科书中理论的难点问题和实践启示，并探索和创新教学方法。同时，运用科研成果积极开展社会服务。首先，思想政治理论课教师要意识到，科研是要发现问题、分析问题和解决问题，因此要具有问题意识。今天，面临瞬息万变的国内外局势和世界百年未有之大变局，中国马克思主义者应当熟悉世情、国情和党情，对任何继发或潜在的问题与危机做出判断并给予对应策略。其次，思想政治理论课教师进行研究过程中也要围绕专业教材进行难点的分析和实践研讨。教科书中重难点的判断会影响教师授课成效，通过科研手段，将重难点逐个剖析有利于深入浅出地为学生讲明白原理。最后，任何理论的真理性都需要实践进行检验，思想政治理论课教师所做的科学研究也不例外。只有将理论运用于实践才能发挥出理论的最大用处。在此基础之上，将理论成果运用于社会服务是发挥成果价值的最优选择。

（二）健全思想政治理论课教师队伍准入和退出机制

思想政治理论课教师的准入和退出是更替思想政治理论课教师队伍人员，使结构更加合理，更利于师资队伍建设的重要流程。

1. 健全思想政治理论课教师队伍准入机制

准入机制是高校思想政治理论课教师的把关机制，具有守住思想政治理论课教师队伍组成人员各项素质合格的作用。准入机制过松会导致成为思想政治理论课教师队伍一员的人可能不具备较高的政治素养和专业能力；准入机制过严又可能会影响思想政治理论课教师队伍进入的节奏，导致队伍人员结构产生问题。因此，健全思想政治理论课教师队伍准入机制至关重要。

第一，政治素养。思想政治理论课的政治性至关重要，这是由思想政治教育的目标决定的，思政课教师首先应该"政治过硬"。这就要求思想政治理论课教师准入中要严把政治关，甚至于要将政治素养的考核摆在业务能力考核的前面。现在，思想政治理论课教师招聘时一般即会明确招聘对象为中共党员也是为了更大程度上确定可能入职的人政治方向的正确性。

第二，专业能力。专业能力作为未来开展教学、科研工作的重要支撑不容忽视。教学能力突出的教师，在授课过程中可以将教科书融会贯通，教给学生最正确的理论知识，并能用各种教学方法实现寓教于乐，使思想政治理论课堂摆脱无聊、沉闷的标签和不接地气的刻板印象。科研能力突出的教师，可以进行更多的科研工作，凭借其扎实的学术功底和严谨的治学态度做出更多成果、创造更多价值。

第三，品性素质。思想政治理论课教师的品性素质是其是否能成为一位好教师的重要指标。只有一位对生活有热情、工作有激情的教师才能展现出积极向上的风貌，才能引领学生更加热爱生活、珍惜当下。不仅如此，一位有责任心的思想政治理论课教师自身所拥有的品质也能更好地言传身教给学生，对于学生的品行修养的形成有重要作用。

2. 健全思想政治理论课教师队伍退出机制

退出机制是思政课教师队伍建设的补救机制，发挥着觉察教师问题、及时进行补救的作用，并对改进后仍不符合思政课育人要求的教师进行转岗，对有重大问题的教师进行解聘。退出机制的设置对于保障思想政治理论课教师队伍素质具有重要意义。

一方面，退出机制的实行对思想政治理论课教师有一定的督促作用。其一，明文出台的退出机制文件可以使教师明确知道，作为一名合格的思想政治理论课教师究竟应该在政治素养、专业能力和品性素质三方面达到什么样的标准，才能一直从事思政教学工作。其二，在这样明确的规定之下也会使教师更加重视自身的教学和科研情况，减少甚至消除部分教师懈怠、渎职的情况。

另一方面，退出机制的作用不仅局限于教师也涉及学生的培养。高校培养出来的人才能否适应国家的需求、符合人民的期待，关键在于其政治立场是否正确、是否坚定。而学生对于政治立场的认知、理解和认同均来源于高校思想政治理论课教师的言传身教。因此，通过退出机制对于教师政治性的考察可以剔除政治立场偏移的教师，避免对青年学生政治思想的形成产生消极影响。

（三）建立思想政治理论课教师专项考评机制

考评机制作用重大，各高校必须建立明确的考评机制并加以公开，使每一位思想政治理论课教师了解且理解，才能更好地有效贯彻，发挥考评机制的积极作用，从而为退出机制的运行保驾护航。

首先，贯彻落实政治观念"一票否决制"。思想政治理论课教师最重要的职责就是引领学生树立正确的政治观念。因此，在进行考评过程中要将思想政治理论课教师的政治立场、政治站位作为第一位衡量标准。无论是在课堂上还是在课下生活中，抑或是在网络平台上、学术成果中，思想政治理论课教师所发表的言论和观点必须做到与党和国家站在同一立场。绝对不能言行不一，或头脑混乱说出有违思想政治理论课教师定位和操守的言语。

其次，贯彻落实师德师风"一票否决制"。在日常工作之中，无时无刻不要求思想政治理论课教师必须秉持自身思想道德素质和为人师表的修养。在考评过程中，必须将师德师风放在重要位置，这意味着无论这位教师的教学水平多高、科研能力多强，只要在调查中发现有违背师德的情况出现，即为考评不合格，要将其剔除出思想政治理论课教师队伍。这样做即使会相对减少思想政治理论课教师队伍的成果和成绩，但对于队伍建设和长期发展过程中保持良好风气和氛围至关重要。

最后，思想政治理论课教师的专业水平也要定期进行考核。思想政治理论课教师归根结底依旧是人民教师，作为教师应当具备的专业素质和能力也是不可缺少的。单单只有高尚的品格和坚定的政治立场，缺少相应的学术功底和语言表达能力的教师的专业技能，难以通过课堂感染学生，同时也不利于教师职业的规划和发展。因此，对于思想政治理论课教师的教学、科研能力的考评也是不可或缺的。不过，教师专业能力并不需要"一票否决"，而是可以"限期整改"。能力不足可以通过一系列培训和自身的努力迎头赶上，只要秉持着坚定的理想信念、对马克思主义的热爱和对中国特色社会主义事业的执着追求，相信专业能力提高指日可待。

（四）建立思想政治理论课教师鼓励和奖励机制

当今世界，经济高速发展，国际竞争日趋激烈，东西方思想强烈碰撞，对于新时代人民的思想道德素质和政治观念提出全新挑战，尤其是对青年学子，极有可能受到不良影响。可见，高校思想政治理论课教师任重道远，应当给予一定的鼓励和奖励，调动思想政治理论课教师积极性、主动性和创造性。

1. 建立鼓励机制

一方面，要明确思政课教师的主体地位。教师是课堂的组织者，必须充分维护思政课教师的职业尊严，关爱思政课教师的身心健康，激发其工作热情。这就要求学校要进一步明确宣传思政课教师的重要作用，通过一系列政策、措施发现、树立先进典型，宣传和推广的力度不断加大，增加教师的责任感和荣誉感，从而进一步修正部分专业课教师对思想政治理论课等通识教育课程的忽视。

另一方面，党和国家一再强调思想政治理论课教师对贯彻落实立德树人这一根本任务的重要性，而这一重视绝不是仅停留在口头，而是要通过各种政策加以落实。例如，在绩效考核、职称评定工作中使思想政治理论课教师享有更多机会。只有切实给予思想政治理论课教师更多的机会和鼓励，才能够更好地引导思想政治理论课教师摆正位置，更好地发挥作用。同时，还可以在国家、省、市等各级别对一些政治素质过硬、业务能力强、育人水平高的先进教师进行表彰，树立起模范带头作用，比如评选师德标兵、"三育人"先进个人等，从而进一步激发思想政治理论课教师的向上，向善的内在动力，促进其内涵式发展。

2. 建立奖励机制

马克思曾经说：思想一旦离开利益，就一定会使自己出丑。我们的生活中处处有利益。如果抛开物质、脱离现实去谈理想信念，无疑是纸上谈兵，思想政治理论课教师即使是具有超越普通群众的思想道德修养也依然需要物质利益的满足，才能更好地发挥思想引领作用。

首先，岗位津贴的设置和落实。在教育部发布的《新时代高等学校思想政治理论课教师队伍建设规定》中第二十一条明文规定，学校要因地制宜地设置思想政治理论课教师岗位津贴。这一津贴的设置不仅可以表现出国家层面对于思想政治理论课和思想政治理论课教师的重视态度，也能切实地给思想政治理论课教师带来实惠，同时使思想政治理论课教师保证收入水平，不至于较多费心于日常开销而可以潜心研究，提升自身专业素养，更好地发挥育人职能。

其次，调研与访学经费的提高。中国的思想政治教育中，革命文化的红色文化教育作用十分突出。而如今，在经费和机会有限的同时，思想政治理论课教师课时量大导致缺乏时间到著名的红色地区进行实地考察和学习。古话有"读万卷书，不如行万里路"，此话流传甚广、家喻户晓。倘若在讲"长征精神"中，教师曾亲身经历了重走长征路，那么感悟必定会多于在书中或在互联网中看到的文章和图片。再如，教师如果亲临延安、井冈山等革命老区，必定会进一步激发教师的爱国热情和革命情怀，在具体授课中也能更加吸引和感染学生。

最后，对优秀思想政治理论课教师进行奖励。按照一定比例或分配原则，对通过考评的教师进行奖励。一方面，可以让获得奖励的思想政治理论课教师认识到，认真履行工作职责，用心教学与潜心科研，不仅可以对自身的能力水平有所提高，也能够获得额外的惊喜和奖励，从而鼓励其再接再厉；另一方面，也是对工作不积极的教师给予一定的警示和激励。任何工作都有消极怠工的人，思想政治理论课教师也不例外。当然，消极的工作态度并不见得一定会产生严重的教学事故或恶劣的影响，也许其工作成绩也符合考核标准，仅是不愿革新、因循守旧，抵触进行思想的创新和工作方法的变革。而一定的奖励机制对于打消其消极的工作态度有所裨益，从而激发其工作积极性。

新时代孕育新使命、新使命提出新要求，只有每一位思想政治理论课教师不断努力、坚定理想信念、明确政治立场、锻造专业能力、严守师德师风，才能成功塑造合格思想政治理论课教师，打造高品质思想政治理论课教师队伍。

参考文献

[1] 钟嫒嫒. 守正与创新高校思想政治教育理论与实践 [M]. 北京：中国传媒大学出版社，2022.

[2] 张婷婷，黄家福，李珊珊. 大数据时代背景下高校思想政治教育创新 [M]. 北京：北京燕山出版社，2022.

[3] 陈丽萍. 新时代高校思想政治理论课教学改革研究 [M]. 湘潭：湘潭大学出版社，2022.

[4] 林蕾，杨桂宏. 高校思想政治理论课教学研究 [M]. 北京：中华工商联合出版社，2022.

[5] 华建玲. 高校思想政治工作有效性研究 [M]. 南京：河海大学出版社，2022.

[6] 张琳. 高校思想政治教育与创新创业教育融合研究 [M]. 延吉：延边大学出版社，2022.

[7] 张伟. 高校思想政治教育建设与辅导员工作研究 [M]. 延吉：延边大学出版社，2022.

[8] 刘军，韩玮，程文. 新时代高校思想政治理论课教学改革探究 [M]. 成都：西南交通大学出版社，2022.

[9] 吴文妍，鲁玲玉，毕虹. 当代高校思想政治教育理论与实践研究 [M]. 延吉：延边大学出版社，2022.

[10] 田自立. "互联网+"视域下高校思想政治教育实践研究 [M]. 延吉：延边大学出版社，2022.

[11] 万娟. 基于创新发展的高校思想政治教育研究 [M]. 长春：吉林大学出版社，2022.

[12] 刘淑娟. 高校思想政治理论课混合式教学研究 [M]. 北京：九州出版社，2022.

[13] 马光焱，王晓光. 新时代高校思想政治理论课改革与创新研究 [M]. 长春：吉林大学出版社，2022.

[14] 邵泽义. 新时代高校思想政治教育管理体系的构建研究 [M]. 镇江：江苏大学出版社，2022.

[15] 孙武安. 高校思想政治理论课教学质量提升研究 [M]. 杭州：浙江工商大学出版社，

2022.

[16] 孙丽娟 . 新时期高校思想政治教育理论与实践 [M]. 延吉：延边大学出版社，2022.

[17] 刘玖玲 . 高校思想政治理论课对分课堂教学实践与反思 [M]. 广州：华南理工大学出版社，2022.

[18] 肖芳，汤锐 . 高校思想政治理论课教学疑难问题解答 [M]. 北京：光明日报出版社，2022.

[19] 李智慧 . 高校思想政治教育有效资源开发利用研究 [M]. 北京：旅游教育出版社，2022.

[20] 朱汉辰 . 新时代高校思想政治理论课教学研究 [M]. 延吉：延边大学出版社，2022.

[21] 罗永宽，李华，李向勇 . 高校思想政治理论课研究前沿新时代高校思想政治理论课建设研究第 1 卷 [M]. 武汉：武汉大学出版社，2022.

[22] 李久林 . 高校思想政治理论课教学改革模式的探索与实践研究 [M]. 北京：北京首都经济贸易大学出版社，2022.

[23] 林晓燕 . 新时代高校思想政治理论课教学改革创新机制研究 [M]. 天津：天津人民出版社，2022.

[24] 张枫 . 中国优秀传统文化与高校思想政治教育工作融合研究 [M]. 太原：山西经济出版社，2022.

[25] 高华，张艳亮 . 高校大学生思想政治教育的多维探索 [M]. 长春：吉林大学出版社，2022.

[26] 崔伟，陈娟 . 新时期高校大学生思想政治教育创新案例探究 [M]. 长春：吉林大学出版社，2022.

[27] 邢亮，殷昭鲁 . 高校思想政治理论课实践教程 [M]. 北京：新华出版社，2021.10.

[28] 谈娅 . 新时代高校思想政治教育创新研究 [M]. 重庆：西南师范大学出版社，2021.

[29] 钟家全 . 互联网与新时代高校思想政治教育队伍建设 [M]. 成都：西南交通大学出版社，2021.

[30] 黄快林 . 新时代高校思想政治工作问题研究 [M]. 北京：中国社会出版社，2021.

[31] 神彦飞 . 新媒体时代高校思想政治教育范式转换与实践 [M]. 济南: 山东大学出版社，2021.

[32] 徐玉钦 . 新媒体时代高校思想政治教学模式研究 [M]. 长春：北方妇女儿童出版社，2021.

[33] 刘琳琳 . 新媒体时代高校思想政治教育研究 [M]. 长春：吉林大学出版社，2021.